中国红色旅游发展系列丛书

Zhongguo Hongse Lüyou Fazhan Xilie Congshu

红色 旅游发展的 延安道路

HONGSE LÜYOU FAZHAN DE YANAN DAOLU

国家旅游局

中国旅游出版社

责任编辑：刘志龙
责任印制：闫立中
封面设计：中文天地

图书在版编目（CIP）数据

红色旅游发展的延安道路 / 国家旅游局编 . --北京：
中国旅游出版社，2016.3
（中国红色旅游发展系列丛书）
ISBN 978 – 7 – 5032 – 5457 – 4

Ⅰ. ①红…　Ⅱ. ①国…　Ⅲ. ①革命纪念地—旅游业发
展—研究—延安市　Ⅳ. ①F592. 741. 3

中国版本图书馆 CIP 数据核字（2015）第 268642 号

书　　名：红色旅游发展的延安道路

作　　者：国家旅游局
出版发行：中国旅游出版社
　　　　　（北京建国门内大街甲 9 号　邮编：100005）
　　　　　http：//www. cttp. net. cn　E-mail：cttp@ cnta. gov. cn
　　　　　发行部电话：010 – 85166503
经　　销：全国各地新华书店
印　　刷：北京工商事务印刷有限公司
版　　次：2016 年 3 月第 1 版　2016 年 3 月第 1 次印刷
开　　本：787 毫米 × 1092 毫米　1/16
印　　张：11. 25
印　　数：1 – 3000 册
字　　数：180 千
定　　价：35. 00 元
ＩＳＢＮ　978 – 7 – 5032 – 5457 – 4

中国红色旅游发展系列丛书编委会

主　任： 王晓峰

副主任： 罗迪辉　张吉林　戴　斌

《红色旅游发展的延安道路》

主　　编： 罗迪辉

副 主 编： 胡呈军　王树茂

执 行 主 编： 王树茂

编写组组长： 宋子千

编写组成员： 吴　普　唐晓云　胡抚生　韩元军　吴丽云
　　　　　　　　蒋长春

为红色旅游发展点赞

李金早

回顾十年来我国红色旅游的发展历程，我欣慰和感动之余，不由想到《环球时报》近日那篇颇有见地的社评——《让大家玩好，中国将再上大台阶》。把玩好和上台阶联系在一起，不是故作惊人之语。随着中国梦的提出，两个一百年目标的确立，经济社会的发展和进步已经越来越与人的幸福指数提升、综合素质进步形成重要"观照"。换言之，正像文章针对当下的发展背景所指出的，"在中国经济增长下行期间，旅游作为一个难得的强劲元素在以近乎裂变的方式逆冲，一再制造高潮，像是个力挽狂澜的坯子。中国一定要重视它，看准它，为它的成长壮大不断开辟崭新的空间。"红色旅游，是这个"难得的强劲元素"中更加难得的、具有中国特色的、不可忽视的要素。

十年前，党中央、国务院从实现党和国家长治久安的战略高度出发，作出发展红色旅游的重大决策，其深意，就是使其成为大力弘扬以爱国主义为核心的民族精神和以改革创新为核心的时代精神，积极培育和践行社会主义核心价值观的重要载体。

事实上，红色旅游发展已经产生了巨大的政治效益、社会效益和经济效益。其发展，说开辟了一条与时代特征相适应、行之有效的发展路径亦不为过。

十年来，红色旅游发挥了传承红色基因、弘扬优秀传统的重要功能。依托红色旅游景区，结合建党、建军、建国、抗日战争胜利等重大历史事件，坚持与"中国梦"、社会主义核心价值观学习教育相结合，开展了一系列内容丰富、形式多样的主题活动，涌现出大批群众喜闻乐见的红色影视、演艺、歌曲等作品，繁荣发展了红色文化。

十年来，红色旅游塑造了一个响亮的品牌。红色旅游知名度、美誉度不断提升，已经成为深受广大群众喜爱的旅游活动之一，年接待游客由 2004 年的1.4 亿人次增长至 2014 年的 9.07 亿人次，年均增长 16% 以上。据不完全统计，全国红色旅游十年累计游客超过 40 亿人次。红色旅游的发展，推进了爱国主义和革命传统教育大众化、常态化。

十年来，构建了覆盖全面、较为完善的红色旅游体系，以经典景区为主体的产品体系日益完善，249处全国红色旅游经典景区得到有效保护和建设，培育一批红色旅游目的地，拓展红色旅游线路180多条。红色旅游立体交通网络基本形成。

十年来，实现了革命历史文化遗产的有效保护与合理利用。保护和修缮大批全国重点文物单位、国家级烈士纪念设施，加大了环境整治力度，挖掘和整理了大量革命文物和历史文献，建设一批红色历史文化多媒体资源库。用改革的思路、创新的意识，把革命历史文化遗产保护和红色旅游发展有机结合，探索保护与发展双赢的新路子。

十年来，拓展了振兴老区、脱贫致富的有效途径。红色旅游发展给革命老区带来了人流、资金流、信息流。老区人民通过为游客提供交通运输、土特产销售、餐饮住宿等服务，增加了收入，使大批当地群众脱贫致富，增强了老区人民自信心和自豪感，有效促进了革命老区经济社会发展。

无疑，红色旅游发展积累了许多宝贵经验。比如，坚持把社会效益放在首位；坚持统筹发挥"教育与富民"的综合功能；坚持规划先行、突出重点；坚持遵循旅游发展规律；坚持服务当地经济社会发展等等。这些经验，在各地红色旅游发展实践中都有着更为丰满的诠释、更为生动的案例。

习近平总书记明确要求，"要把红色资源利用好、把红色传统发扬好、把红色基因传承好"。还指出，历史是最好的教科书，对我们共产党人来说，中国革命历史是最好的营养剂，多重温我们党领导人民进行革命的伟大历史，心中就会增加很多正能量。

实践创新是理论创新的基础和源泉。新的发展阶段，给红色旅游发展带来了新的机遇、赋予了新的使命，也提出了新的要求，迫切需要我们总结经验、发现规律，努力推进创新发展。我们期待，有关各方认真总结红色旅游的若干经验，为推进旅游"515战略"发挥应有的作用，为研究制定"十三五"红色旅游发展规划提供坚实的理论支撑，使红色旅游以"＋"的方式，进一步释放教育功能、社会效益、促进消费、产业关联等综合效益。

回望来路，我们感慨万千；前瞻远方，我们信心满满。当今中国，拥有着全球最具活力的产业需求、最为广阔的发展前景。或许，当我们多年后拥有了更可欣慰的成绩时，才会知道今天的所有付出，都是一篇精彩的佳话。

目 录
CONTENTS

第三章 以游客满意为导向， 强化红色旅游公共服务 体系建设

第四章 以环境大整治为抓手， 建设红色旅游目的地城市

第五章 以融合发展为主线， 完善红色旅游产业体系

第六章　延安红色旅游的未来

第一章

红色旅游的使命与挑战

根据中共中央办公厅、国务院办公厅颁布的《2004—2010 年全国红色旅游发展规划纲要》，红色旅游是指以中国共产党领导人民在革命和战争时期建树丰功伟绩所形成的纪念地、标志物为载体，以其所承载的革命历史、革命事迹和革命精神为内涵，组织和接待旅游者进行缅怀学习、参观游览的主题性旅游活动。《2011—2015 年全国红色旅游发展规划纲要》对红色旅游的概念做了进一步的拓展，提出以中国共产党领导下的革命战争时期内容为重点，将 1840年以来中国大地上发生的以爱国主义和革命传统精神为主题、有代表性的重大事件和重要人物的历史文化遗存都纳入红色旅游发展范围。发展红色旅游是党和国家为加强爱国主义和革命传统教育、构建社会主义核心价值体系以及促进地方经济发展做出的重要决策，同时也是旅游业发展的重要内容。

一、红色旅游发展历程和主要成就

（一）红色旅游发展的历程

我国红色旅游发展分为四个阶段：萌芽阶段、起步阶段、加快发展阶段和市场化阶段[1]。

萌芽阶段：新中国成立到 20 世纪 80 年代初期。革命圣地、纪念地等被作

---

[1] 高舜礼．中国红色旅游发展的历程、特征与对策［C］．//张广瑞等．2003—2005 年中国旅游发展：分析与预测．北京：社会科学文献出版社，2005．

为爱国主义教育、革命传统教育、思想政治教育的阵地，人们有组织地前往参观学习，大多数情况是政府支付费用，接待方式也是按照政治教育的模式操作。

起步阶段：20世纪80年代中后期。随着国内旅游快速崛起，以革命圣地、纪念地和参观点为主要旅游资源的一些地方，凭借多年来开展革命教育的条件，开始探索采用旅游接待的方式经营。在这一阶段，率先由参观教育转变为"红色旅游"的，往往并不是最为知名和重要的革命圣地，而是相对级别较低的一些纪念地、参观点，他们所受的体制和级别限制相对较弱，比较容易进行运作体制的变革。

加快发展阶段：20世纪90年代。随着旅游业成为我国国民经济新的增长点，红色旅游也面临着空前有利的发展大环境。加上纪念抗战胜利50周年、庆祝新中国成立50周年等重大活动，为红色旅游注入了波浪式发展的强大动力。红色旅游的基础设施和接待条件有了很大改善，参加红色旅游的人数激增，产生了巨大的经济效益，"红色旅游"的口号和称谓就此产生。

市场化阶段：21世纪以来。近年来大众旅游和假日旅游蓬勃发展，带火了不少旅游温冷地带，促红了很多个性化旅游产品，红色旅游也明显受益。很多地方把红色旅游资源列为当地重要的旅游资源，作为推动旅游经济加快发展的一大优势。例如，井冈山在研究当地旅游业定位和形象时，就提出"一红一绿"的战略发展思路，"红"就是红色旅游，"绿"就是秀美山水和绿色生态。延安、遵义、西柏坡等地也把红色旅游资源作为当地旅游发展的最大优势和特色。红色旅游在继续承担政治功能的同时，总体上遵循旅游经济发展的规律运行，成为旅游产业的重要组成部分。

（二）红色旅游发展的主要成就

《2004—2010年全国红色旅游发展规划纲要》印发以后，红色旅游发展再上新台阶。到2010年年底，一期规划目标基本实现。红色旅游已成为我国旅游业重要组成部分和生力军，取得了良好的政治效益、社会效益和经济效益。

一是爱国主义和革命传统教育成效显著。红色旅游规模不断扩大，2004—2010年6年间，红色旅游共接待游客13.5亿人次。接待游客人数从2004年的1.4亿人次增长至2010年的4.3亿人次，年均增长20.4%，已占到国内旅游人数的 1/5。各地结合红色旅游景区建设和革命遗存保护，深入文化内涵，创造了一批反映社会主义核心价值观、群众喜闻乐见的红色文化产品。特别是围绕纪念中国共产党成立 90 周年、辛亥革命 100 周年和长征胜利 75 周年等重要纪念日、节庆日，开展了多种形式的红色主题活动，在全国掀起了"游红色景区、唱红色歌曲、读红色经典、看红色影视、办红色赛事"的热潮，越来越多的人在重温"红色岁月"中加深了对革命历史的认识，在体验"红色文化"中受到革命传统教育，在缅怀先烈英模中传承艰苦奋斗的精神。

二是有力地促进了革命老区经济社会发展。为推动红色旅游发展，有关部门在公路、机场、铁路等重点项目规划、建设以及车次、航班等的安排方面向革命老区倾斜。在国家大力支持下，至 2011 年共建成红色旅游公路近 3500 公里，先后完成百色、井冈山、淮安等多个重点红色旅游地区机场新建、改扩建工程，革命老区建设铁路停靠站 100 多个，专门开通了北京、上海、广州、深圳等中心城市到革命老区的旅客列车，使革命老区的交通等基础设施条件得到了极大改善。革命老区群众积极参与红色旅游发展，大力开发红色旅游商品，提供餐饮、住宿等多样化旅游服务，扩大了就业渠道，直接带动就业近百万人，间接就业近 400 万人，大幅度地增加了当地居民的收入，有效促进了革命老区经济社会发展。

三是红色旅游精品景区体系基本形成。2004—2011 年，国家共安排红色旅游专项资金约 80 亿元，同时各地积极筹措资金，围绕打造红色旅游精品做了大量工作。到 2011 年，列入一期名录的 100 余处红色旅游经典景区基础建设明显改善，环境面貌得到有效整治，展陈水平和革命文物保护能力明显提高，服务水平和接待能力显著提升。在进一步充实完善一期规划红色旅游经典景区的基础上，目前又开始重点建设二期规划确立的 127 个新的经典景区。

四是红色旅游发展方式得到优化。各地不断转变红色旅游发展方式，探索红色旅游发展新路径，推动红色旅游由旧址参观的单一模式向融瞻仰教育、休闲体验于一体的复合模式转变，红色旅游新业态不断涌现，产业规模不断壮大。红色旅游成为带动老区餐饮住宿、交通运输、商贸金融等行业快速发展的引领产业和先导产业，成为综合效益突出、拉动效果明显的消费热点和经济增长点。江西、湖南、陕西、四川等红色旅游资源大省，红色旅游综合收入同比增长均超过 30%。

五是红色旅游人才队伍建设明显加强。至 2011 年，各地高度重视红色旅游人才队伍建设，通过举办培训班、赛事和参观学习等多种方式，努力提高从业人员素质。据不完全统计，全国各地共举办各类红色旅游培训班 2450 期，培训导游、讲解员、经营管理者等各类人员 19.6 万人次。一大批业务能力强、综合素质好的红色旅游导游、讲解员脱颖而出，一大批懂规划、会营销的专门人才纳入红色旅游人才库，为进一步推进红色旅游持续健康发展奠定了人才基础。

六是红色旅游发展得到全社会广泛赞誉和支持。各地党委、政府高度重视红色旅游发展，很多省市主要领导亲自担任红色旅游协调机构负责人，一些重点地区的党委、政府也都将红色旅游作为带动当地经济社会发展的主导产业大力推进。群众参与红色旅游的热情更加高涨。红色旅游景区的游客来源已由过去的单位组织为主，逐渐转变为单位组织和游客自主出游并重，全国对红色旅游的满意度显著提高，寓教于乐、寓教于游的旅游方式，得到了广大人民群众的普遍认可。

二、红色旅游发展面临形势和历史使命

（一）红色旅游发展二期规划纲要及实施情况

2011 年 3 月，中共中央办公厅、国务院办公厅联合下发了《2011—2015 年全国红色旅游发展规划纲要》。纲要指出，全国红色旅游这一阶段的发展目标是到 2015 年，列入全国红色旅游经典景区名录的重点景区基础设施和环境面貌全面改善，重要革命历史文化遗产得到有效保护，红色旅游宣传展示和研究能力明显增强，配套服务更加健全，广大人民群众参与红色旅游的积极性和满意度显著提升，综合效益更加突出。到 2015 年，全国红色旅游年出游人数突破 8 亿人次，年均增长 15%，占国内旅游总人数的比例提高到 1/4；综合收入突破 2000 亿元，年均增长 10%；累计新增直接就业 50 万人、间接就业 200 万人。

在这一阶段，要通过加强红色旅游的组织领导、制定责任明确的工作方案、加大投入建设经典红色景区、调动各方力量参与红色旅游发展、加大宣传创造良好社会氛围以及加强监管规范红色旅游发展秩序等主要措施，实现该阶段红色旅游业发展的五大任务，即深入挖掘文化内涵，丰富红色旅游内容；加强基础设施建设，完善红色旅游经典景区体系；转变发展方式，提升红色旅游产业化水平；创新体制机制，增强红色旅游发展的后劲和活力；加强红色旅游队伍建设，提高从业人员综合素质。

红色旅游发展二期规划纲要实施以来，红色旅游继续保持良好发展态势。2011年，全年接待游客5.4亿人次，同比增长26.5%，在免费开放的前提下，综合收入达到1450亿元，同比增长11.4%。2012年，全国红色旅游共接待游客6.7亿人次，同比增长24.07%，在纪念场馆免费开放的前提下，红色旅游年综合收入1667.5亿元，同比增长15%。

（二）十七届六中全会对红色旅游发展提出了新的要求

党的十七届六中全会是我们党在全面建设小康社会关键时期召开的重要会议。会议从中国特色社会主义事业总体布局的高度，对深化文化体制改革、推动社会主义文化大发展大繁荣进行了部署。会议通过的《中共中央关于深化文化体制改革推动社会主义文化大发展大繁荣若干重大问题的决定》（以下简称《决定》），体现了我们党对肩负历史使命的深刻把握，对国内外形势的科学判断，对文化建设的高度自觉，是当前和今后一个时期指导我们各项工作的纲领性文件。

《决定》在多个方面提及旅游业对于社会主义文化大发展大繁荣的作用，特别是针对红色旅游发展提出了专门的要求。《决定》在"弘扬以爱国主义为核心的民族精神和以改革创新为核心的时代精神"一节中明确指出，"加强爱国主义教育基地建设，用好红色旅游资源，使之成为弘扬培育民族精神和时代精神的重要课堂"。除此之外，《决定》在"坚定中国特色社会主义共同理想"一节中指出，"深入开展形势政策教育、国情教育、革命传统教育、改革开放教育、国防教育，组织学习中国近现代史特别是党领导人民进行革命、建设、改革的历史，坚定广大干部群众对中国特色社会主义的信心和信念"，这也和红色旅游发展密切相关，红色旅游正是广大人民学习光荣历史、接受政治教育的重要途径。

党的十八大报告虽然没有直接就红色旅游发展提出要求，但是在"扎实推进社会主义文化强国建设"中就"加强社会主义核心价值体系建设"做了专门论述，提出"要深入开展社会主义核心价值体系学习教育，用社会主义核心价值体系引领社会思潮、凝聚社会共识。推进马克思主义中国化、时代化、大众化，坚持不懈用中国特色社会主义理论体系武装全党、教育人民"，"广泛开展理想信念教育，把广大人民团结凝聚在中国特色社会主义伟大旗帜之下。大力弘扬民族精神和时代精神，深入开展爱国主义、集体主义、社会主义教育"，"倡导富强、民主、文明、和谐，倡导自由、平等、公正、法治，倡导爱国、敬业、诚信、友善，积极培育和践行社会主义核心价值观"。培育践行社会主义核心价值观，红色旅游义不容辞。

（三）红色旅游发展的综合功能更受重视

当前，旅游业正处于加快发展的黄金期，朝着国民经济的战略性支柱产业和人民群众更加满意的现代服务业目标奋进。红色旅游作为旅游业的重要组成部分，承担着政治、经济、社会、文化等多方面的功能。

2009 年 5 月，时任中共中央政治局常委李长春在陕西调研时指出，红色旅游是全国各族人民坚定中国特色社会主义理想信念、巩固共同思想基础的政治工程，是弘扬伟大民族精神和时代精神的文化工程，是革命老区群众脱贫致富的富民工程，是满足广大人民群众基本文化权益、积极发展公益性文化事业的民心工程。要进一步拓展红色旅游的载体和内容，寓教于乐、寓教于游，把我们党领导人民进行革命、建设、改革各个时期所形成的宝贵精神财富牢牢凝固在中华大地上，深深植根于人民群众心田中，世世代代传承下去。

2011 年 6 月，时任中共中央政治局委员刘云山在全国红色旅游工作会议上强调：发展红色旅游，用党的光辉历程和宝贵经验启示人，用党的辉煌成就和奋斗精神鼓舞人，有利于增进人们对社会主义核心价值体系的认知和认同，坚定走中国特色社会主义道路的信心和决心。发展红色旅游是实现旅游和文化有机融合的新创造，为优化经济结构、转变发展方式提供了新途径，为培育发展优势、促进经济社会又好又快发展提供了新支撑。发展红色旅游有助于人们在体验中感悟崇高、升华境界，在参与中怡情养志、益德益智，不断提升公民文明素养和社会文明程度。

《2011—2015 年全国红色旅游发展规划纲要》指出：红色旅游作为政治工

程、文化工程，必须突出强调其在加快构建社会主义核心价值体系中的重要作用，教育和引导广大干部群众充分认识到，是历史和人民选择了中国共产党，选择了社会主义制度，选择了改革开放道路，从而进一步坚定对党的信任、对中国特色社会主义的信念、对改革开放的信心，进一步巩固全党全国各族人民团结奋斗的共同思想基础。同时，红色旅游作为经济工程、富民工程，其发展必须遵循产业发展基本规律，充分发挥市场作用，不断创新体制机制，广泛吸纳群众参与，才能保持长久生机与活力，不断向前发展。

三、红色旅游发展存在问题和挑战

（一）多元价值观的冲击

红色旅游以革命精神和爱国情怀为重要内涵，其发展的一项重要使命就是加强革命传统教育，增强全国人民的爱国情感，弘扬和培育民族精神。

虽然目前总体上是一个和平与发展的年代，但是各种敌对势力对我国和平崛起进行遏制，甚至破坏的图谋不会改变，加上改革开放过程中出现的一些不良现象有可能被利用，以及社会上形形色色思想的传播泛滥，在全国范围内加强爱党、爱国、爱人民的教育非常迫切。当前社会，出于无知、自以为有趣、哗众取宠，甚至阴暗、敌对等心理，恶搞历史上的英雄、模范几乎成为一种时尚，一些主流或非主流媒体也以"中立"的姿态在其中起到了推波助澜的作用。英雄模范的正面形象纷纷被颠覆，而恶霸地主、汉奸走狗等却被发现也有"人性"的光环，正义和非正义不再有界限。在这种情况下，传统的爱国爱党爱人民教育被弱化，自私自利、有钱乃大、娱乐至死等观念逐渐占据了一些人的头脑，这不能不引起我们的忧虑。

红色旅游发展的正当价值受到削弱。一些红色旅游产品开发在实践中走偏了，比如过度建设项目、片面追求娱乐效果，以及注重一些不健康的内容，如风水迷信、野史逸闻等。这样，即使人们由于某种原因参加了红色旅游，也很可能是走过路过，没受到教育，达不到预期的红色旅游应有的效果。如在某些地方就出现了骑在领袖雕塑头上等不严肃、不尊重的行为。甚至可能引起误解，走向反面教育。例如，有一位大学生在接受记者采访参观延安的感受时，她竟然回答："我觉得毛主席他们挺会找地方，窑洞住着挺舒服也挺好玩！"

（二）市场化发展的压力

红色旅游发展是党和国家高度重视的工作。每逢党的重大纪念活动或大规模学习活动时，红色旅游都能成为旅游的热点。但是，如何保持红色旅游的持续发展力，使得红色旅游地在没有重大纪念活动或大规模学习活动时仍能够具有旺盛的生命力，这是红色旅游发展面临的一个突出问题。以革命圣地延安为例，2011 年由于适逢建党 90 周年、西安世界园艺博览会、辛亥革命 100 周年，游客接待数量暴增，但是随后的 2012 年由于缺少重大事件，尽管延安展开了首届红色旅游季等活动，但游客接待人数比上一年还是下跌了不少。

社会上对于红色旅游的发展不无质疑。一些人简单地认为红色旅游就是政府的面子工程，是靠"公款"堆出来的；或者认为随着老一辈的离去，对年青一代是否还能理解红色、喜欢红色感到悲观。虽然上述认识并不是事实——调查表明红色旅游市场自费游客、年轻人等占多数，但是确实给红色旅游的发展提了个醒：红色旅游的持续生命力、市场吸引力与竞争力究竟有几何？红色旅游的发展，红旗怎么扛？扛向哪儿？这是需要大家深思的。红色旅游的发展虽然首先是一项政治工程，但同时也是一项经济工程。红色旅游的发展必须获得一定的经济收益回报才可能保持持续的发展能力；而且，即使是政治工程，也只有当红色旅游真正深入人心、获得大众的认可时，才能真正取得好的政治效益。

（三）目的地特色的湮没

红色旅游在全国得到广泛发展，这是好事，但是也很容易出现产品同质化的问题。这主要是出于两个方面的原因：一个方面是红色旅游文化内涵的一致性。红色旅游地从其精神内核来说都是中国共产党领导人民革命和建设形成的文化，在本质上都是一致的，很多历史事件也是紧密相连的。红色旅游开发都要宣传这些革命传统、介绍这些历史人物和事件，不同地方难免会有所重复。另一方面是表现形式的单一性。红色旅游地大多数是领导人旧居或历史事件的发生地，这些地方本身往往并没有太大的艺术价值或高品位的自然景观，保留下来的遗存也非常少，更多的只是历史纪念和精神寄托。上述原因导致红色旅游产品开发的雷同，难以凸显自身特色，特别是在范围较小的区域，经常有这么一种情况：游客走到哪里看到的都是类似的产品，听到的都是同样的故事，从而大大降低了游客的体验效果。比如在延安，很多红色旅游点都是"一个窑洞一个炕、一副桌椅一盏灯、一根红绳围起来、几张照片说一生"。

四、对红色旅游未来发展的思考

（一）把"红"作为红色旅游发展一切工作的立足点

把"红"作为红色旅游发展的立足点，就是要将爱国教育和革命传统教育作为红色旅游产品开发的主线，要将爱国主义和革命精神贯穿于红色旅游发展的各项工作当中。

首先，倡导文明健康的红色旅游方式。《国务院关于加快发展旅游业的意见》明确提出要"倡导文明健康的旅游方式"。红色旅游作为以教育为主要功能的旅游方式，更应该成为文明健康旅游的先行领域。文明健康的红色旅游方式包括严禁奢侈浪费的公款旅游，把握庄重场合的严肃等。红色旅游应该活泼生动，但是该严肃的时候还是要严肃，只有这样旅游者对革命精神的领悟才可能更深，红色旅游发展也才更有意义。在开发实践中可以遵循一个"区隔"原则，将严肃场所和普通场所分开。

其次，加强红色旅游和革命历史教育的结合。特别是对于青少年来说更为重要。青少年最主要的任务就是接受教育，中国革命史教育不仅是社会主义事业建设的需要，也是青少年在学校的必修课之一。如果红色旅游开发能够和学校教育结合得更紧密一些，开发一些真正的红色旅游修学产品，使得青少年通过红色旅游就能深刻地掌握相关的历史知识，游玩和学习两不误，这对于青少年本人以及家长都是有激励的。这里的关键是结合的紧密性，这就要求红色旅游修学产品将重点放在正史教育上，如历史背景、进程、意义等。如果那位大学生了解毛主席等人是如何被迫长征到的延安，可能也就不会有毛主席会选地方的荒唐之语。项目建设也要把握便利性和历史感之间的"度"。为了提高红色旅游修学产品的趣味性和效果，可以聘请历史教师随团或在景区进行讲解，以及组织一些知识竞赛等。此外，将参与红色旅游纳入教育大纲和课程体系、计入学分等，都能够在一定程度上促进青少年参与红色旅游。

最后，坚持以红色精神作为红色旅游发展的精神指引。不仅要对旅游者进行爱国主义和革命传统教育，而且对于红色旅游的开发者、经营者、从业人员等同样要进行爱国主义和革命传统教育。只有这样，红色旅游产品开发才不至于走偏。红色旅游产品开发要提供正确的价值观，而不能迎合部分旅游者的庸俗心理。此外，红色精神代表着中华民族不折不挠的奋斗精神、忘我无私的奉献精神，也能够为红色旅游发展提供精神动力。

（二）让市场机制在红色旅游发展中发挥更大作用

发挥市场机制在红色旅游发展中的作用，应从供需两个方面入手：

一是从需求来说，红色旅游发展要更好地对接市场，也就是符合消费者的需要。红色旅游作为爱国主义和革命传统教育的重要载体，一个突出优势就是能够寓教于游、寓教于乐，让人们在旅游过程中自觉接受爱国主义和革命传统教育。但要真正发挥上述优势，必须处理好四个关系：历史和现实的对接，革命和建设的对接，英雄和大众的对接，国内和国际的对接。

（1）历史和现实的对接。红色旅游从其本底资源来看属于历史文化资源，但是红色旅游的发展并不能停留在对历史资料的介绍上，而要发掘红色历史文化中的现实因素。红色旅游发展要介绍历史，让游客了解历史的发展脉络，了解中国革命之不易，了解革命先辈的伟大奉献，但是所有的这些不应该只是灌输和说教，而应该和游客的现实需要结合起来，让游客自我体验、自我深化。红色旅游本来是"根红苗正"的，但在现实生活中往往被披上"另类颜色"，这是红色旅游发展的一个悖论，反映的是在多元文化冲击下传统价值观的动摇。一些舆论说，我们是一个缺乏信仰的民族，似乎只有信什么宗教才是有信仰的。事实上在过去几十年中，红色信仰一直是支撑我国不断发展的根本力量，这种红色信仰在形式上可能有变化，但是在本质上是一致的。如果说红色精神昨天是创建新中国的革命圣火，那么今天就是建设新家园的精神之魂，明天就是构建新生活的心灵曙光。

（2）革命和建设的对接。红色旅游的主要载体是中国共产党领导人民在革命和战争时期建树丰功伟绩所形成的纪念地、标志物，主要文化内涵是革命历史、革命事迹和革命精神。但是今天作为旅游市场主体的年轻人，他们从小生活在和平和舒适的环境当中，对于革命和战争是陌生的，也是难以理解的，因此往往对革命历史、革命事迹和革命精神无动于衷。在当前环境下，他们甚至热衷于从反面去解说历史，以颠覆历史、反抗传统、诋毁革命先辈为荣，因此也才会有游客侮辱烈士像、穿戴日本军服照相之类的行为。为消除市场对于革命传统教育的逆反心理，将革命文化转变为建设文化是重要的途径。今天是和平的时代、建设的时代，人们不需要战争，甚至憎恨战争，因此红色旅游的开发要弱化战争本身的介绍，要从革命文化中汲取和现实生活密切相关的内容，像流行的励志类书籍一样去鼓舞当今的年轻人。比如，将军事战略和个人成长、企业管理相结合，从而使旅游者能够从红色旅游中不仅感悟到幸福生活来之不易，而且能够汲取智慧用于自身的发展。

（3）英雄和大众的对接。革命和战争年代是一个英雄辈出的年代，经过岁月的流逝，能够留下来的让人们铭记的都是历史的巨人。伟大的事迹固然是吸引人们前去红色旅游地朝拜的理由，但过于高山仰止，也会让人们产生渺小和虚幻的感觉。很多人试图用今天的现实来消解历史上的英雄，比如对雷锋的质疑、对张思德的调侃、不承认董存瑞炸碉堡等，大抵是以小人之心度君子之腹的产物。问题是社会大众从道德层面上本来就要低于英雄伟人，如何让他们产生景仰而不是心理上的拒绝，这需要红色旅游开发者深思。英雄伟人的生活化或许是一种途径，但这种生活化不是日常的消解，而是让人们去真实地把握英雄伟人之所以伟大的所在。英雄伟人走下神坛，是走到人民群众当中来。

（4）国内和国际的对接。一些人以为红色旅游是中国独特的产物。其实不然，虽然这个概念可能具有中国特色。国际上也有许多著名的红色旅游地，如德国特里尔的马克思出生地；俄罗斯的列宁陵墓与雕像、哥尔克列宁故居、莫斯科红场、克里姆林宫、卫国战争纪念馆；朝鲜的万景台故居、锦绣宫、主体思想塔；越南的胡志明故居、胡志明墓、胡志明纪念馆等。更重要的是如果我们能拓展一下对红色的认识，则不难发现，在世界各国的旅游活动中，以"弘扬爱国精神、培育民族精神"为主题的旅游产品占很大一部分比例，几乎所有的国家都会利用纪念碑、展览馆等作为向国人进行爱国主义教育的基地，如美国，专门成立了国家历史纪念地的管理机构。红色旅游不仅对于国人有吸引力，对于国际游客也能够具有吸引力。就像中国人去美国要去看自由女神像一样，外国人到中国来也多会去天安门广场，天安门广场正是重要的红色旅游场所。很多红色旅游地之所以著名，是因为在这些地方发生过许多重大历史事件，这些实践不仅影响了中国历史的进程，甚至关系到世界的发展史。比如长征、西安事变，就是具有世界性影响的事件。客观地说，在国际上，由于意识形态问题，有一些人对于共产党、革命之类的事迹非常反感，但是如果红色旅游地在产品开发和市场营销上，能够更加突出红色文化中的普世性的价值理念和人文精神，则其对国际客源同样具有强大的吸引力。比如长征主题的开发，不要过于强调共产党和国民党的对抗，而要突出那些伟大的先辈们，为了崇高的理想和信念不畏艰难险阻、不怕流血牺牲的精神，将更有利于国际市场的开发，实际上正是上述精神的感召，才会有外国游客到中国来重走长征路的事例。

二是从供给来说，红色旅游发展要充分发挥市场机制的作用，借助社会力量。由于红色旅游的特殊性，红色旅游发展要坚持把社会效益放在首位，要加大政府投入，加强政府主导作用。但是红色旅游发展不能只依靠政府投资，同样要鼓励社会参与，发挥市场机制在资源配置中的作用。《2011—2015 年全国红色旅游发展规划纲要》将产业化作为红色旅游发展的一项重要内容，提出"要大力推动红色旅游发展和革命老区经济发展相结合，充分发动广大革命老区干部群众共同参与红色旅游发展，结合新农村建设，整合利用各方面资源，提供红色旅游餐饮、住宿等经营服务，延长红色旅游产业链，进一步带动革命老区经济社会发展"。在上述背景下，红色旅游开发经营主体将进一步多元化，投融资模式也将进一步多样化。妥善处理好"政府主导投资"与"民间资本参与"，是当前红色旅游发展面临的一个新课题。不管采取什么模式，既要保证红色旅游的社会效益，也要有效调动社会资本的积极性，关键仍在于红色精神的市场转化和提升红色旅游的市场吸引力。

（三）在和区域经济社会发展的广泛联系中发展红色旅游

为避免红色旅游产品开发的同质化，一条途径是全面考察红色旅游地的资源，深入体会其背后的文化本质，从而发掘其内在独特性，并以产品的方式呈现给旅游者。比如都是红色精神，但是瑞金精神/苏区精神、井冈山精神、长征精神、延安精神还是有所不同的，各自有最为突出的一面，把握好各自独特的精神内涵，是开发具有吸引力产品的重要前提。

　　另一条途径则是将红色旅游发展和产业发展、城市建设乃至整个区域经济社会发展联系起来。红色旅游地一般生态环境较好，又有良好人文精神氛围，可以开发休闲度假和专项产品，包括和有机农业、康体健身、拓展训练、会议会展等相结合。红色旅游虽然在文化内涵上比较特殊，但和其他旅游形式一样，同样是一种异地的生活方式，因此红色旅游发展也要遵循以宜居促宜游的原则，为旅游者打造良好的生活环境和文化氛围。红色旅游发展不能孤立在一个或几个点当中，而要和目的地所在城市和区域融为一体，只有这样才能给予旅游者最丰富的体验，并获得旺盛的生命力。

第二章

红色旅游发展延安道路的形成

延安是我国的革命圣地，党中央和毛泽东在这里领导了抗日战争和解放战争，培育了延安精神，成就了新中国。延安还是能源高地，是我国石油工业的发祥地，延长油矿被誉为石油工业之母，通过发展石油产业及附属工业，延安书写了经济发展的工业传奇。借助西部大开发的战略机遇，延安通过推行大规模的退耕还林、封山禁牧，创造了延安建设生态文明的绿色传奇。随着工业经济发展，延安经济社会发展赖以生存的石油等不可再生能源不断减少，通过加快培育现代农业，大力发展旅游业为代表的第三产业，积极实现从能源经济向服务经济转变，推动了延安经济转型升级，创造了延安经济发展的转型传奇。如果说中国革命的延安足迹为其红色旅游发展提供了不可替代的红色文化和物质旅游资源，那么工业繁荣则为红色旅游发展提供了有利的市场基础和产业基础，而绿色传奇的续写为延安红色旅游发展提供了良好的环境条件和资源条件。在此基础上，延安市通过发挥政府和市场双重动力，以红色旅游为核心大力推动旅游业发展，加快人民群众满意的现代旅游产业体系建设，积极培育红色旅游在国民经济中的战略支柱性地位，在实践中探索形成了红色旅游发展的延安道路。

一、红色旅游发展延安道路形成的背景

（一）国家对红色旅游发展提出了新的要求

红色旅游是一项事关重大的政治工程、经济工程和文化工程。党的十七届六中全会、党的十八大以及美丽中国建设等，对红色旅游提出了新的要求。红

色旅游要发挥其弘扬伟大民族精神、加强青少年思想道德法律建设的文化作用，推动社会文化大繁荣大发展，推动社会主义核心价值观的培养等。

在新的要求导向下，延安、井冈山、瑞金、西柏坡等红色资源丰富的地区要在红色旅游发展中发挥龙头作用，在革命历史文化遗产保护、革命精神和社会主义核心价值观传播、红色旅游目的地建设、旅游公共服务体系建设、旅游信息化建设等方面走在全国前列。延安等地方要围绕国家红色旅游发展大局，并且结合自身实际，探索形成自身特色的红色旅游发展道路。

（二）红色旅游是延安经济转型的必然选择

延安以石油工业为主导的单一经济发展模式具有不可持续性，因此，延安必须加快经济转型，向以红色旅游为引领的服务经济转型升级。自 20 世纪 80 年代开始，石油工业就成为延安经济发展的根本动力，现阶段，石油工业对延安 GDP 和财政收入的贡献仍然很大，以石油、煤炭为主的能源化工产业正在推动延安的新型工业化发展。由于石油资源是不可再生的，随着资源的开采，早晚会有枯竭的一天，因此，延安市政府在 20 世纪初期就提出大力发展旅游业为代表的第三产业，推动红色旅游发展，加快延安经济由工业经济向红色旅游为引领的服务经济转型升级，特别是在新的历史时期，延安市在充分借鉴红色传奇、工业传奇和绿色传奇的发展成果基础上，积极推动产业转型升级，以"三年调整、两年提速"为目标，实施"统筹城乡、富民强市，引水兴工、产业转型，中疏外扩、上山建城，文化引领、旅游带动"战略，推动旅游与文化等其他产业融合，加快红色旅游大发展，探索红色旅游发展的延安道路。

延安的红色传奇、工业传奇和绿色传奇阶段分别为其红色旅游发展提供了丰富的物质旅游资源、红色文化、经济和环境条件，它们为延安续写转型传奇、形成红色旅游发展延安道路奠定了基础。首先，延安红色传奇阶段为红色旅游发展延安道路的形成提供了丰富的红色物质旅游资源和文化旅游资源。共和国从这里走来，党中央和毛泽东在这里成就了中国革命，枣园、杨家岭、宝塔山、清凉山等革命旧址是中国红色革命的历史遗存。从 1935 年至 1948 年，延安作为红军长征的落脚点和战略指挥的总后方，为抗日战争和解放战争取得伟大胜利起到了决定性作用，用 5 万人的生命、无数人的鲜血为我们党夺取全国胜利书写了圣地延安的红色传奇。其次，工业传奇为延安红色旅游发展提供了强有力的经济支撑和巨大的市场需求空间。工业传奇阶段始于 20 世纪 80 年代中期，并且一直延续到现在，当时延安地区就开始进行经营体制改革，通过承包经营一些边远地区的旧井、低产井以及成立石油钻采公司的形式激发本地石油经济发展热情，延安市正是以石油工业率先开发为契机激活了全市经济社会发展，实现了整体脱贫，开始了温饱向小康的跨越，并且不断向全面小康社会前进。2011 年延安工业增加值占到生产总值的 70.9%，原油总产 1623.1 万吨，其中地产原油 926 万吨，加工原油 996.9 万吨，2012 年，延安石油工业持续增长，生产原油 1685.7 万吨、加工原油 1061.8 万吨，分别增长 3.9% 和 6.5%。以石油生产与冶炼为基础的工业发展不仅支撑了延安整体经济持续稳定增长，而且使老百姓购买力和生活水平得到持续提升，在 2012 年 150 个（包括直辖市，地级市、州、旗、盟和省直管市）人均 GDP 超过全国平均水平（6102 美元）的城市排名中，延安市以人均 GDP 为 9216.71 美元，位列全国第 64 位，工业传奇的创造既有效推动了延安城市整体竞争力的增强，又有效带动了延安老百姓走向富裕，人民购买力普遍增强。最后，美丽延安的绿色传奇为红色旅游发展和当地居民生活提供了良好的外部环境条件。1999 年，国家做出退耕还林的重大决策后，延安在全市范围内开展了大规模退耕还林，大规模推行生态延安工程。经过 14 年艰苦卓绝的努力，以退耕还林为主的生态建设取得了辉煌成就，现在站在宝塔山上，四面都是绿葱葱的植物，与昔日的荒山秃岭形成了鲜明对比。截至目前，延安共退出 976 万亩耕地，实施退耕还林、封山禁牧，10 多年的努力使大地基调由黄变绿，通过大力培育森林资源，有效改善了生产条件、提高了生活水平和生活质量，而且通过发展与林业相关的产业，延安市的绿色产业逐渐发展壮大，延川红枣和苹果、延安小米等成为国内外知名品牌，通过实施生态工程，既为当地居民生活提供了优美的城市环境，又为发展旅游业提供了良好的资源和环境条件，实现了生态优美和百姓致富的双赢。

（三）新时期延安红色旅游发展要有新突破

1990 年延安市把旅游业确定为延安的支柱产业，并于 1997 年开始大规模发展红色旅游业，到 2002 年旅游业已成为延安市的重要产业。从 2003 年开始，红色旅游开始得到国家政府层面的高度重视，出台了《2004—2010 年全国红色旅游发展规划纲要》，全国大力度发展红色旅游，延安市的红色旅游发展步伐也相应加快，并在 2006 年 12 月延安市三次党代会上，市委领导班子审时度势、科学决策，在全国各省市中率先提出了实施"红色旅游兴业"战略，把旅游业作为延安产业结构优化升级的突破口，放在了空前重要的位置；同时，市旅游发展专项资金从 2004 年财政安排的 300 万元增加到 2008 年的 1000 万元支持红色旅游目的地发展，2010 年市委、市政府设立延安市旅游局，专门负责推动旅游业又好又快发展，到 2011 年延安红色旅游目的地已经初具规模，来延安旅游的人数达 2050 万人次，实现综合收入 110 亿元。但是，延安旅游目的地还有很多地方不完善，虽然游客对延安各行业服务的满意度在不断提升，但是城市综合环境和旅游公共服务满意度一般，提升较慢，旅游网络信息化建设有待加强。制约和影响延安游客满意度提升的主要因素是整个城市的综合环境、服务水平和旅游信息化建设，特别是气候与生态、卫生状况与公共厕所、步行道与自行车道等环境设施，以及交通、餐饮等行业服务，都极大影响着游客对革命圣地的感知。因此，红色旅游目的地的提升和完善是延安红色旅游发展质量提升的关键，是当地居民和旅游者能否满意的关键，也是红色旅游发展延安道路形成与否的关键。

在新时期国家对延安等红色旅游目的地发展提出了新的更高的要求。对延安自身来说，为了在全国红色旅游目的地建设中起到示范带动作用，同时推动自身由工业主导向红色旅游为引领的现代服务业主导转型，延安通过旅游环境大整治、旅游公共服务体系建设、红色旅游产业体系完善等方面提升旅游者与当地居民、商业主体的满意度。为了提升和完善红色旅游目的地建设，延安市一方面加强基础设施建设和旅游公共服务体系建设，通过不断完善旅游配套设施和服务作为硬件保障和软件支持；另一方面通过实施旅游环境大整治，规范市场秩序、整治城市环境。2011 年到现在，延安市政府积极做好革命遗址的开发与保护的协调推进，同时加快南泥湾、黄帝陵、壶口、乾坤湾等景区建设，开发森林公园、农业观光园、农家乐等旅游项目，市政府还投入巨资认真实施延河水景工程、大桥街人防工程、二道街地板砖整治工程以及南寨砭农贸市场拆迁工程，并且开通延安至西安的动车、延安至上海等城市的航班，不断开拓新的旅游客源市场；近年来，通过高调实施旅游环境大整治工作，花大力气整治旅游环境，划分环境整治责任到各政府部门，并把整治情况记入部门和个人年终考核体系中。其中，延安市旅游局做了大量成效显著的工作，对全市旅行社实行了 A 级管理等级评定和动态化管理，同时，还针对酒店、车队、购物、娱乐、农家乐等旅游接待单位制定了《延安市旅游推荐接待单位评定及管理实施办法》和《延安市农家乐星级评定标准及管理办法》，实施了延安市旅游住宿、餐饮、购物、演艺和旅游汽车等接待单位推荐制度，使旅游接待单位自觉接受社会监督，形成了良好的竞争环境。在旅游网络监管和营销方面，围绕旅游网站建设、网络舆情监控、微博维护和旅游咨询服务及培训等做了大量工作，完善了"延安旅游环境大整治"专题、游客在线 QQ 咨询、在线 QQ 投诉、开通旅游投诉官方微博、公布投诉电话等，而且加强网站资料信息上传及更新工作，及时更新政务板块等各类信息 810 余条，此外，还加大网络舆情监控力度，提升涉旅经营单位服务质量，同时通过旅游微博营销延安红色旅游。通过连续几年的旅游环境大整治工作以及旅游公共服务体系建设，延安红色旅游发展水平持续提升，取得了阶段性的实质进步，2013 年第一季度全国游客满意度调查显示，延安以 76.54 的成绩排名全国 60 个样本城市的第 26 位，达到 2009 年以来的最高水平，这表明延安市旅游目的地建设逐渐成熟，在红色旅游发展过程中探索形成了科学的延安道路。

二、红色旅游发展延安道路的内涵

我国经济持续增长和人民收入水平不断提高使人们的旅游购买力不断提升，国家假日制度改革和带薪休假的贯彻落实使人们有更多闲暇时间外出旅游。从 20 世纪末开始，我国进入了大众化旅游发展的初级阶段，并向前不断发展。在科学发展理念指导下，延安市充分利用红色传奇、工业传奇和绿色传奇阶段创造的丰富的物质、文化和经济资源，抓住了大众化旅游发展提供的历史机遇，大力发展红色旅游为核心的现代旅游业，加快延安产业转型升级，在实践中探索形成了红色旅游发展的延安道路。延安道路是对延安红色旅游发展经验的概括，既有特殊性，又有普遍性。特殊性表现在延安是特定地域红色旅游发展成功的典范，普遍性表现在它是红色旅游发展的典范，具有示范意义。红色旅游发展延安道路的内涵可以概括为："以延安精神为内核，以人民群众满意为导向，以宜居宜游城市建设为中心，以环境整治为抓手，以公共服务体系建设为保障，打造全国首选红色旅游目的地。"

第一，延安精神是红色旅游发展延安道路的内核。以毛泽东同志为代表的共产党人在延安把中国革命引向胜利，并且创造了艰苦奋斗的延安精神。延安精神具有高度的继承性与延续性，它不仅激励着过去中国的无产阶级革命事业走向成功，而且在十八大提出到 2020 年全面实现小康社会目标的新的历史阶段，延安精神正激励全国人民发扬自力更生、艰苦奋斗的优良传统，在实现中华民族伟大复兴的"中国梦"过程中发挥日益关键的作用。延安作为延安精神的发源地，在探索红色旅游发展的延安道路过程中，广大干部和群众始终将艰苦奋斗的延安精神作为构筑延安道路的内核。为了切实提升延安的游客和居民的满意度，延安各级部门始终保持着让人民群众满意的坚定信念，从市委、市政府主要领导，到一般干部群众，均积极参与到旅游环境大整治等各项红色旅游完善工作中。他们发扬了不怕吃苦、艰苦奋斗的作风，创新工作方式方法，将立党为公、执政为民的公仆情怀长存于心。可以说，艰苦奋斗的延安精神是延安形成科学的红色旅游发展道路的内在推动力，它贯穿于延安道路形成的全过程。

第二，人民群众满意是红色旅游发展延安道路的导向。在全国游客满意度调查中，延安曾经连续七个季度排名倒数第一，而且相当长一段时期延安当地居民对城市整体软硬件的满意度不高。延安市委、市政府没有躺在红色旅游发展成绩的功劳簿上，而是及时发现了延安旅游业发展中存在的城市旅游环境整体较差、旅游服务设施和功能还不甚完善、旅游市场不够规范、公共窗口行业服务水平有待提高等存在的问题，且采取了一系列切实有效的举措。为了切实提升延安红色旅游的发展质量和发展规模，突破红色旅游发展的瓶颈，延安市提出将游客满意度提升作为旅游各项工作的着眼点和落脚点，并且通过发展旅游业提高当地居民的满意度。从 2010 年开始在全市范围内开展旅游环境大整治活动，全方位提升城市旅游载体服务功能，加大旅游景区开发建设改造和周边环境整治力度，规范旅游交通和市场秩序，还通过宝塔山等八个革命旧址维修保护工程、道路改造等基础设施建设提升城市生活和游览的便利性和满意度，又通过旅行社和导游规范管理、旅游酒店监管和投诉反馈、旅游网络舆情监督等活动让利、方便旅游者和当地居民。延安以人民群众满意作为红色旅游发展的导向开展各项工作，成效显著。在 2013 年第一季度全国游客满意度调查排名中，延安在全国 60 个城市排名第 26 位，进入全国 30 强。通过发展红色旅游，当地居民也切实感受到了周围生活环境、交通、市场秩序等的变化，当地老百姓的满意度不断提升。可以说，以人民群众满意为导向的红色旅游发展实现了旅游者和当地居民全部满意的双赢局面。

第三，建设宜居宜游城市是红色旅游发展延安道路的中心。一个旅游城市首先是当地居民的城市，必须要满足城市居民的各种需要，让市民愉快和便利地生活是城市建设者和管理者的基本出发点，与此同时，旅游城市又承载了服务旅游者的功能，让游客享有愉快的旅游体验是旅游城市的另外一个重要职能。延安的城市定位是"中国革命圣地、历史文化名城、优秀旅游城市"，因此，将延安建设成为宜居宜游的旅游城市是延安的使命，这也是延安在探索红色旅游发展道路过程中始终坚持的中心。延安发展红色旅游过程中始终坚持旅游者与当地居民的幸福共享，注重红色旅游的政治、经济、社会、文化和环境等综合功能的发挥。既要满足旅游者良好旅游服务体验的需要，又要满足当地居民生活品质不断提升的需要，努力为游客与市民打造一个高品质的共享空间。2011年延安第四次党代会决定实施"中疏外扩""上山建城"的城市扩展战略，从根本上改变制约延安红色旅游发展的空间问题。"中疏"就是要把现在老市区的密度减下来，保护革命旧址，发展旅游产业，提高旅游适宜度和体验性；"外扩"就是把老城区部分城市功能扩到外面去，突出红色延安和现代延安两个特色，争取到2021年建党100周年的时候建成新延安。新延安的战略部署是基于游客和当地居民共享城市空间、建设宜居宜游的思路下提出的，它对于延安的红色旅游发展具有战略意义。

第四，旅游环境大整治是红色旅游发展延安道路的抓手。延安市在开展旅游环境大整治之前，虽然红色旅游发展已取得了不俗的成绩，但是制约红色旅游发展的因素仍然比较突出，城市的整体旅游环境现状不容乐观，城市旅游服务设施还比较落后，缺乏基本的、规范的旅游引导标识系统，旅游市场监管缺位和欺客宰客、强买强卖等损害游客利益行为时有发生，市容环境"脏、乱、差"现象没有得到根本改变，城市交通秩序混乱，城市管理缺乏规范，这些问题极大地影响了市容环境和城市形象，延安红色旅游发展遇到了瓶颈。从2010年5月开始，延安市决定在全市开展旅游环境大整治活动，对城市市容环境、交通秩序、旅游景区管理等八个方面实施了重点治理，并取得了初步成效。2011年市委、市政府主要领导调整到位后，主要领导亲自带头，继续把整治旅游环境、提升游客满意度摆在各项工作的首位，在旅游局成立了旅游环境整治的专门协调领导机构，在城市环境卫生、交通秩序、旅游行业管理等十个方面进行全面整治。2012年，为进一步提升红色旅游发展质量和规模，市委办、市政府办印发了《延安市 2012 年旅游环境大整治重点工作任务分解表》，并在各部门得到了全面贯彻和落实。3 年旅游环境大整治工作的成效显著，旅游者和当地老百姓的满意度不断提升，旅游环境大整治真正成为推动红色旅游发展延安道路形成的抓手。

第五，旅游公共服务体系建设是红色旅游发展延安道路的保障。完善的旅游公共服务体系是一个城市旅游产业健康可持续发展的保障，是旅游者旅游服务质量得到保障的关键。延安市从旅游信息服务、旅游市场监管、旅游惠民便民、旅游培训体系建设等方面构建了红色旅游发展的保障体系，为延安道路的形成保驾护航。在旅游信息服务体系建设方面，定期更新"延安旅游政务网"，新开通了"延安旅游质检网"，在网站首页开设了"延安旅游环境大整治""延安首届红色文化旅游季"专题和在线咨询、在线投诉、旅游投诉官方微博等栏目。其中，旅游局新浪官方微博粉丝突破 65 万人，通过网络平台及时为旅游者提供信息咨询服务和投诉服务。此外，还专门成立了网络评论领导小组，组建了网络评论及网络质监专职队伍，加大了对大众点评网、携程网等旅游预订网站和评论网站，以及相关论坛、微博的监控力度。在旅游市场监管方面，通过出台新的旅行社、旅游饭店、旅游景区等旅游企业服务标准和监督管理办法，以及组建 56 人的旅游行业行风监督检查员队伍，有效消除了欺客宰客、劣质旅游商品以次充好、强买强卖等不法行为。在旅游从业人员培训方面，近年来形成了常态化旅游培训机制，特别是 2012 年延安市举办了为期一个月的旅游从业人员培训会，先后举办 20 余期，参训人员达 1 万余人，涉及酒店、旅行社、景区等旅游的各个行业；此外，2012 年延安市还举办清真食品从业人员法规政策培训班，有效提升了清真食品的服务水平；2013 年年初延安市涉旅从业人员（导游员、讲解员）大培训举行，400 余名涉旅从业人员参加，常态化的旅游培训有效地提升了从业者的素质和服务意识，对于提升延安的旅游服务质量起到了至关重要的作用。

第六，打造全国首选红色旅游目的地是红色旅游发展延安道路的目标。延安是革命圣地，是全国规模最大、品位最高的红色旅游资源聚集区，全市现有革命遗址 445 处。因此，延安在发展红色旅游过程中始终坚持将延安打造成全国首选红色旅游目的地为目标。为了实现这个目标，延安市自 2010 年开始，在全市范围内开展了提升游客和市民满意度的旅游环境大整治，为此，市委、市政府印发了《延安市旅游环境大整治工作方案》，将 7 个方面 64 项具体整治任务逐一分解到 44 个责任部门、单位，成效显著；延安旅游项目不断获得突破，启动了宝塔山等八个革命旧址维修保护工程，已完成投资 5.5 亿元，旅游基础设施建设不断推进，实施了延安自驾车营地、万花山景区排污排洪及基础设施建设工程，开通了延安至西安的动车、延安至上海等城市的航班；延安旅游促销形式多样，特别是 2012 年成功举办了中国延安首届红色文化旅游季，开展了"歌唱延安"优秀原创歌曲征集评选活动、安塞黄土风情文化艺术节、"大美延安"国际摄影邀请赛、首届壶口瀑布旅游节等多种活动；通过常态化旅游培训活动显著提升了旅游服务质量，在全行业开展了"三亮、三比、三争创"等一系列精神文明建设活动，举办了覆盖旅行社、星级饭店、旅游景区、导游员的培训班。

三、红色旅游发展延安道路的特征

（一）当地居民与旅游者共享幸福

延安在红色旅游发展道路的探索中始终坚持当地居民和旅游者的利益共享、幸福共享，使旅游者和当地老百姓共享城市空间，实现双方的经济、文化、环境等方面的交流和共享。在通过发展红色旅游满足旅游者体验需求的同时，又通过城市环境整治、基础设施完善等举措满足本地居民不断提升的生活品质需求。延安市委、市政府提出了"中国革命圣地、历史文化名城、优秀旅游城市"的城市定位，要求将整个延安打造成一个大景区、历史博物馆城和国人精神家园，2011 年延安第四次党代会提出了"中疏外扩""上山建城"的城市扩展战略，突出红色延安和现代延安两个特色，目的就是从根本上改变制约延安红色旅游发展的空间问题，实现旅游者和当地老百姓的和谐相处，实现红色旅游发展的利益共享、空间共享和幸福共享。

（二）市场和政府相协调产生旅游发展双动力

延安在红色旅游发展过程中注重发挥市场在旅游经济资源配置中的基础性

作用，同时发挥好政府在红色旅游发展中的产业规划、市场监管、基础设施建设和公共服务体系建设方面的主导作用，构建了有为政府与活力市场相结合的产业发展双动力。一方面，延安在红色旅游发展中注重市场活力的发挥，通过多种渠道建设红色旅游项目和产品，延安旅游集团公司投资建设了延安自驾车营地、万花山景区排污排洪及基础设施建设工程；在引进民营经济方面，引导温州投资商洪加盛投资 2000 多万元，延安企业家梁怀玉投资 7000 多万元兴建了延安民俗文化影视城。另一方面，政府通过开展旅游环境大整治在提升城市环境的同时，有效地提高了游客满意度；八个革命旧址维修保护工程、道路改造等基础工程、文化旅游演艺等项目在带动红色旅游发展的同时，有效推动了地方经济和社会发展。因此，市场活力的发挥和政府的引导作用相互协调共同推动红色旅游发展延安道路的形成。

（三）文旅融合带动旅游综合效应发挥

延安在红色旅游发展过程中注重旅游业与文化产业的融合发展，以文旅融合带动红色旅游的政治、经济、社会、文化和环境等综合效应的发挥，实现经济社会又好又快发展。近年来，在延安红色旅游发展过程中，注重发挥产业融合效应，城市旅游业与农业、工业、体育等多种产业实现了较好融合，特别是文旅融合成效显著，延安提出了"文化引领、旅游带动"战略，加强旅游与文化的融合发展，精心打造旅游文化产品，策划推出了《延安保卫战》大型实景演出以及《延安颂》《舞动延安》《延安保育院》《信天游》等大型剧目，通过文旅融合带动了延安旅游业的政治、经济、社会、环境等综合作用的发挥，城市发展与红色旅游经济形成相互促进机制，文旅融合的综合带动效应逐渐显现，美丽延安的旅游目的地形象逐渐形成。

（四）主动实施环境大整治全面提升旅游竞争力

延安在红色旅游发展中敢于面对游客满意度低、旅游环境较差、市场秩序不规范、旅游信息化建设落后等问题，积极主动地采取旅游环境大整治等一系列行动，以旅游环境大整治为引领全面提升旅游竞争力和游客满意度。为了提升红色旅游发展环境，延安成立了专门的旅游环境大整治办公室，市委、市政府还印发了《延安市旅游环境大整治工作方案》，将具体整治任务逐一分解到44个责任部门、单位，并且逐月下发目标任务量化表，逐月考核，在全市努力下延安的旅游环境得到全面提升。此外，延安主动对旅游业所有部门采取一系列的市场监管和产业引导举措，成效显著，对景区采取"大景区、大开发、大治理"的思路，全面开展了景区景点建设改造及周边环境整治；对旅行社制定了新的行业管理规范，加强对导游欺客宰客等行为的监管和处罚力度；对酒店的监管实行星级评定和舆情监测，针对游客的投诉和不满意的方面，旅游局成立网络舆情监测小组，组织相关人员专门摘录下来并及时反馈给相关酒店，督促酒店限期整改。

（五）以创新常态化提高旅游管理效率和旅游市场效益

延安在红色旅游发展过程中创新旅游管理体制机制、产业动力机制、产品开发机制、市场营销机制和公共服务机制等，通过创新常态化推进了红色旅游发展延安道路的形成。在创新旅游管理机制体制方面，通过成立由市委主要领导牵头的旅游环境整治办公室，有效协调了全市所有部门参与到红色旅游发展中来。在创新产业动力机制方面，发挥有为政府和活力市场的产业发展双动力，双方相互配合推进产业发展。在创新市场营销机制方面，一方面以大型节庆活动推进延安红色旅游发展，成功举办了中国延安首届红色文化旅游季活动，开展了"我要去延安""欢乐健康游延安"等14个宣传促销活动；另一方面，积极开展红色旅游联合营销，和韶山、井冈山等10个城市签署了《红色旅游城市联盟延安战略合作宣言》。在创新公共服务机制方面，为了给旅游者和旅游经营企业提供及时的信息咨询和反馈，旅游局专门成立了网络评论领导小组，组建了网络评论及网络质监专职队伍，加大了对旅游预订网站、评论网站、相关论坛、微博的监控力度，及时回应旅游者的诉求，并为企业提供经营信息和投诉反馈。

四、红色旅游发展延安道路的成就

（一）旅游业的人民群众满意度持续提升

人民群众满意是红色旅游发展的导向。为了让旅游者和当地居民满意，延安市实施了力度大、范围广、时间长的旅游环境大整治活动，开展了城市道路改造、交通治理、市场整治等系列举措。这些活动有效提升了城市的居住环境、生活便利性和舒适度，有效提高了旅游者的服务质量和满意度。可以说，延安旅游业的人民群众满意度是循序渐进提升的，而且提升加速度趋势明显，从 2010 年开始的全国游客满意度调查排名连续七个季度倒数第一名，到 2013 年第一季度全国游客满意度调查排名第 26 位，首次进入全国 30 强，延安正是以人民群众满意作为红色旅游发展的导向开展各项工作才取得了如此丰硕的成果。

（二）旅游业确立了国民经济支柱产业地位

延安旅游产业规模显著提升。在红色旅游引领下，延安市旅游产业化不断推进，市场主体快速成长，旅游产业体系不断健全，旅游企业经营规模与经营效益不断提升。现阶段全市对外开放营运的重点旅游景区景点有 35 处，其中国家 5A 级景区 1 处、4A 级景区 4 处、3A 级景区 7 处，旅行社及分社 60 家，导游 800 名，星级饭店 40 家，全市评定四星级农家乐 6 户、三星级 77 户、二星级 58 户、一星级 17 户。

延安旅游市场规模不断扩大。1997 年全市接待海内外游客仅为 79 万人次、旅游综合收入 1.74 亿元。在《2004—2010 年全国红色旅游发展规划纲要》贯彻实施以来，随着延安市旅游支持力度不断加大，旅游经济发展步伐进一步加快。2005 年旅游客流规模达到 509.42 万人次，接待旅游人数比上年增长 30.68%，旅游收入达到 20.23 亿元，比上年增加了 32.22%。到 2008 年全市接待海内外游客已达到 746 万人次、旅游综合收入达到 43 亿元，接待人数比 2004 年基本上增加了 1 倍，旅游综合收入增加了 1.8 倍。2009 年以来，延安虽然受到了全球金融危机影响，但是延安市通过在旅游环境大整治、特色旅游产品开发、旅游市场秩序维护、旅游公共产品提供等方面下功夫，促使延安市旅游业仍然取得了明显的成效。2012 年延安共接待海内外游客 2209 万人次，创旅游综合收入 121.03 亿元，同比增长 7.7% 和 9.9%。可以说，旅游业已成为延安市优化产业结构、拉动内需、改善人民生活、提高城市知名度的重要产业。

旅游投资对当地经济拉动作用显著。近年来，延安市政府在旅游资源开发和保护方面加大资金投入，打造标志性的精品旅游景点景区，加强旅游基础设施建设，有效地拉动了当地经济全面发展。2006年投资5.7亿元建设了延安革命纪念馆新馆，并于2009年8月对外开放，该馆被评为新中国成立60年来"百项经典建设工程"之一。同时，延安市政府贷款10亿元，围绕革命和历史文化遗产的挖掘、整理和保护进行重点投资。此外，延安市还先后筹资3亿多元对中组部、民族学院、西北局、参议会礼堂等10处革命旧址进行了维修改造，向国家开发银行贷款8亿元实施了宝塔山景区居民搬迁和环境治理工程。通过创新旅游项目投资方式，多方面招商引资推进旅游业发展，成功引进温州商人投资2000多万元，建成了全国首家红色旅游实景演出景区《梦回延安保卫战》，同时通过招商引资近2亿元，启动了凤凰山旅游商品一条街项目。2012年延安市县累计完成旅游投资8.9亿元。其中，宝塔山等八个革命旧址维修保护工程完成投资5.5亿元，宝塔山景区滑坡治理工程累计完成投资1431万元；延安民营企业家梁怀玉投资7000多万元，历时1年零3个月兴建的延安民俗文化影视城建成开业；延安市旅游局还配合有关部门完成了十大景区维修保护项目、中国延安圣地河谷文化旅游中心区"摇篮河谷"项目和"金延安"项目的规划编制工作。此外，通过开发旅游与房地产、旅游与文化融合项目进行旅游景区建设，这些创新性的旅游项目有效推动了延安旅游业的发展，拉动了当地经济增长。

（三）旅游业有效带动延安经济社会发展

旅游业带动相关产业发展。延安市借助丰富的红色旅游资源带动旅游业实现跨越式发展，促进本市相关产业借助旅游业实现飞跃。延安市通过红色旅游资源开发、营销，结合红色、绿色旅游资源，促使本地旅游业实现跨越式发展，延安成为全国知名的红色旅游目的地。通过发挥红色旅游的产业带动作用，本市各种旅游资源实现全面发展，安塞侯沟门高效设施农业旅游区、甘泉劳山国家森林公园等农业、林业和旅游业相结合的生态农业、森林度假等旅游产品不断涌现；同时，也拉动了农副产品加工业和工艺美术业的发展，出现了一大批以豆类、果类、枣类、羊系列等为主要加工原料的旅游商品和以腰鼓、剪纸、布堆画、农民画、面花等为主的旅游纪念品，而且随着以红色旅游为主导的旅游业繁荣，市区和主要景区周边农民办起了1000多户农家乐，这些区域的老百姓依靠旅游业脱贫致富。

以产业融合为核心促使旅游与城市实现融合发展。延安发展旅游业有效促进了延安市的经济发展，通过发挥旅游业的产业带动作用，旅游业开始与该市文化产业、房地产业、农业、创意产业、工业等融合发展，农业观光旅游、工业旅游、森林旅游等旅游产品不断涌现。通过以产业融合为核心推动旅游与城市相互推动，延安市旅游业与城市两者开始融合发展，旅游业提升了延安市的软实力，塑造了美好的城市环境，促使市场秩序进一步规范，改善了投资的硬环境，而且通过旅游业统筹了城乡发展，加快了城市化的进程。可以说，延安市的城市发展与旅游业相互渗透不仅促进了旅游业的增长，而且有力地提升了旅游品质，优化了生态环境，美化了城市形象，增强了城市竞争力，带动了整个区域经济社会的全面发展。

旅游合作交流有效提升了延安城市影响力和知名度。为了加强跨区域旅游协作，延安市近几年分别与北京、上海、南京、广州、深圳、昆明等地签订了旅游战略合作协议，同时与西安等其他 13 个城市共同成立了"关天经济区"旅游城市协作体，签署了《合作行动计划》，实施"幸福生活天天游"市民互访计划，而且联合国内 20 多个省市旅游局在延安举办了旅游合作交流洽谈活动，邀请全国"百强"旅行社、首都 50 家旅行社负责人来延安踩线考察。此外，通过多区域联合推销延安旅游资源，旅游部门和香港、广州等地的旅游局及北京、云南、海南等地的数十家旅游企业建立了友好合作关系，联合营销延安旅游。2012 年，围绕中国延安首届红色文化旅游季活动，延安市在中央电视台、腾讯网、延安广播电视台、包茂高速公路高架桥、市区主要街道和主要旅游目的地城市进行了广告宣传，和韶山、井冈山、石家庄、遵义、湘潭、瑞金、庆阳、赤水等 10 个城市签署了《红色旅游城市联盟延安战略合作宣言》，此外，在珠海、广州、深圳等城市举办了"追寻红色记忆·感受黄土风情"延安旅游推介会，掀起了"去延安、看延安、游延安"的新热潮。这些跨区域交流活动，有效提升了延安旅游的知名度和影响力，吸引了更多的游客来延安旅游。

旅游业有效带动了当地就业增长。旅游业涉及食住行游购娱要素，产业关联带动作用显著，对延安当地就业的直接带动作用效果显著，而且旅游业与延安房地产等其他产业融合发展能够间接带动就业增长，延安市旅游业直接从业人员由 2004 年的不足 5 万人增加到现在的十多万人，旅游业间接拉动就业人数规模更是庞大。

（四）旅游产业发展的支撑保障体系不断完善

政府部门在旅游发展中的主导作用不断增强。延安市旅游主管部门在政策制定、产业引导、公共产品提供、公共营销、市场秩序维护等方面积极发挥主导作用，先后将"红色旅游兴业"和"文化引领""旅游带动"作为全市经济社会发展的重大战略，并成立了市旅游产业发展协调领导小组、旅游环境整治办公室，为旅游产业发展提供了保障，引导旅游产业不断成长。在政府主导下，先后完成了延安市和志丹县等多个县的旅游业发展总体规划，制定了延安市内20多个景区景点开发建设规划，这些规划有效地指导了延安旅游业的发展。

旅游基础设施支撑条件显著增强。旅游的可进入性会显著影响旅游市场的规模，交通条件的改善一方面能使有旅游能力的消费者可以顺利进入旅游目的地；另一方面能缩短旅游者的时间成本，显著提高游客的满意度。延安市已有的交通条件严重限制了游客来延安旅游的积极性和可能性，为了吸引更多的游客来旅游，促进本市旅游业持续稳定增长，延安市政府大力改善延安的旅游交通基础设施，提高旅游的可进入性。在公路方面，建设了国家西部大通道包头到茂名高速公路，正在建设青岛到兰州高速公路延安段，不远的将来，全市与全国各地的高速公路将连成网络；在铁路方面，延安同陇海线、西包线纵横相接，延安至北京、上海开通了红色旅游特快列车，而且投资5亿多元建成了延安新火车站，该车站是延安的标志性建筑，同时建设了西安至延安高速铁路，大大缩短了西安到延安的旅行时间；在民航方面，延安至西安、北京、上海、广州都建立了往返航班。延安交通体系的不断完善大大提高了旅游交通的可进入性，使外地游客来延安旅游更加便捷。

旅游产业信息化加速推进。延安积极通过旅游信息化加快旅游业升级，在2002年就开通了市旅游局联合市经济信息中心开发的延安旅游信息网站，内容涵盖了"食、住、行、游、购、娱"六大旅游要素，可以进行网上交互式访问，2012年新版"延安旅游政务网""延安旅游质检网"上线运行，开设了"延安旅游环境大整治""延安首届红色文化旅游季"专题和在线咨询、在线投诉、旅游投诉官方微博等栏目，延安旅游局新浪官方微博粉丝突破65万人，已成为宣传推广延安、联系游客的桥梁和纽带，有效提高了旅游者和旅游企业的信息服务水平。此外，延安市还积极倡导酒店、景区等旅游企业积极进行信息化建设，通过推行数字导游、数字地图和酒店智能管理系统等加快延安旅游业的信息化。

旅游政策法规建设成效显著。延安各县区基本形成了市、县（区）和旅游景区三级质量监督管理体系，健全了旅游投诉处理和市场监管联动机制，旅游市场监管力度大大增强，延安市制定出台了《延安市旅行社管理办法》《延安市旅行社服务标准》《延安市旅行社达标规范要求》《延安市旅行社质量等级划分与评定办法》《延安市旅游景区管理办法》《延安市旅游推荐接待单位评定及管理暂行办法》《延安市旅游星级饭店评定与管理办法》《延安市"农家乐"星级划分及评定标准管理办法》等管理条例。

第三章

以游客满意为导向，强化红色旅游
公共服务体系建设

游客满意度调查是对游客需求实现程度的有效度量，不仅是对旅游服务行业的评判和测度，也是整个城市经营管理及运行状况的反映。延安市自进行游客满意度调查以来，即以人民群众满意为导向，切实完善延安市公共服务体系建设，不断提高城市公共服务功能和城市经营管理水平，游客满意度指数持续攀升。

2009～2012年，延安市游客满意度指数在波动中上升，2012年第4季度达78.28，与满意度指数最低季度2010年第3季度63.04相比，指数值提高了15.24，这一增幅远高于全国平均水平和国内绝大多数满意度调查城市。与此同时，延安市游客满意度排名也由初期的持续居后，到2012年开始逐步提升，2013年第一季度在全国60个调查城市中位居第26位（图3-1）。延安市来访游客满意度的提升，与其近几年在全市范围内开展的以旅游环境大整治为核心的红色旅游公共服务体系构建和完善有着密不可分的关系。

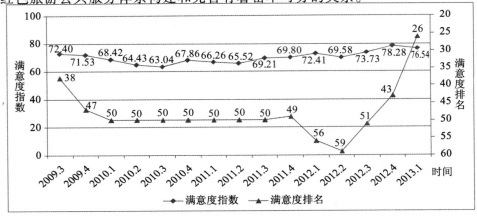

图3-1　延安市游客满意度指数及排名

旅游公共服务是政府和其他社会、经济组织为满足海内外游客的公共需求而提供的基础性、公益性的旅游产品和服务。一般包括旅游公共信息服务、旅游安全保障服务、旅游交通便捷服务、旅游便民惠民服务、旅游行政服务等内容。旅游公共服务体系的完善程度,既是旅游目的地现代化程度的体现,也反映了旅游目的地的城市治理水平。

延安旅游公共服务体系建设中,逐步形成了有红色旅游特征的红色旅游公共服务体系。延安的红色旅游公共服务体系建设是一个不断演进、持续优化的过程。早期的延安红色旅游公共服务体系侧重于红色教育功能,重在挖掘红色旅游的社会宣传、教育功能,对旅游公共服务的一般性内容重视不够,忽略了游客日常公共服务需求。近几年,延安的红色旅游公共服务体系逐步完善,在继续优化红色旅游教育功能和旅游人才培养的同时,更加注重一般性公共服务内容的建设,如旅游交通、旅游安全、旅游信息、旅游便民惠民、旅游行政管理等内容,形成了兼顾红色旅游教育功能和普通游客日常需求的红色旅游公共服务体系。

一、完善公共交通的服务功能，构建旅游交通服务体系

交通是实现旅游活动的必要手段,同时也是旅游发展的命脉。交通承担着游客在目的地和客源地之间的空间移动以及游客在目的地各景区、宾馆、商场等之间的空间移动,是游客旅游活动开展不可或缺的条件。散客时代的到来,对于目的地公共交通的旅游功能和完善程度提出了更高要求。增强公共交通的旅游服务功能,构建立体、便捷的旅游交通体系,进一步完善旅游公共服务体系,提升延安红色旅游目的地的形象。

（一）完善公共交通的服务功能，提升旅游交通服务质量

延安市红色旅游的发展离不开旅游交通体系的支持,延安旅游交通体系的构建是在进一步整合城市公共交通资源,完善其旅游功能的基础上,增强旅游交通供应,提高交通从业人员的服务意识和服务技能,保证延安旅游交通供给

提供和服务质量的提高。

针对游客反映的城市公交车供给不足、打车难等问题，延安市交通运输局在广泛学习其他地区先进经验的基础之上，进行了城市客运体制改革，先后整合了城区公交资源和出租车资源。并在财政局和国资委等部门的支持下，投放新型公交车、新款出租车进入市场运营，缓解城市公共交通供给不足的压力，满足了游客对城市公共交通的使用需求。对市区所有公交车的司乘人员和出租车驾驶员进行以职业道德、规章法规、安全知识、优质服务和旅游知识为主要内容的集中培训，以提高公共交通从业人员的旅游服务意识和旅游职业道德。

出租车是展示城市形象的重要窗口，也是散客接触城市的重要方式。针对现实中存在的出租车拒载、拼车、服务不文明等情况，延安市以交通局为主，在运输管理局等相关单位的配合下，在全市范围内加强了对出租车的管理，不断完善出租车的公司化经营，严厉打击出租车中存在的拒载等行为，提高出租车驾驶员准入门槛，清除出租车驾驶员队伍中的害群之马，提高驾驶员的安全意识和旅游服务意识，为游客乘坐出租车提供良好的旅行体验。

火车站、汽车站和公交站点是客流量最为集中，同时也是问题多发地区，上述地点的交通秩序和管理状况影响游客对目的地的感知和体验。延安市加强了对车站和公交站点的整治，消除管理中存在的漏洞，为游客提供更加舒适、安全、便捷的交通服务。延安市客运办在火车站广场设立管理站，加强对火车站广场及周边的城市客运秩序、公交车和出租车管理。开展了车站及周边环境整治工作，运管处、运管所及驻站工作人员对车站及周边环境进行集中整治，重点打击长途客运站外揽客、强行拉客、蛮横欺客等违规行为和重点场站环境卫生整治。加强公交站点设置和港湾建设等基础设施建设，在对市区公交线路深入调研的基础上，在市区主要线路、主要地段修建公交港湾20余处。上述举措打击了交通站点周边的不法行为，为游客的交通出行提供了更为安全、有序、舒适的环境，在亮化城市的同时，也提升了游客对城市的满意度。

（二）构建立体、多维的旅游交通体系，为游客提供出行便利

近几年，延安市进一步构建了以航空、高铁、高速公路、市内公路等于一体的旅游交通体系，提高了城市的可进入性和通达性，为游客提供了更加便捷的出行服务。同时，通过整顿出租车、公交车交通秩序，切实提高游客的出行舒适度和满意度。

飞机是游客远距离出行的首选交通工具。延安市在已有延安机场的基础之上,正积极推进延安机场的扩容迁建工程,以进一步提高重要客源地到延安的交通便利性。近两年,延安机场的航班数量不断增加,新航线持续推出。延安机场航班由最初的延安飞北京和西安两条航线,增加了延安飞上海、广州、重庆三条航线,增强了延安与重点客源市场之间的通达性,便利了上述城市居民的来延旅游活动。

火车是延安与外部城市间的重要交通工具。延安已经开通了与国内主要城市的火车线路,铁路交通的通达性良好。2012 年 7 月,延安至西安的动车开通,进一步拉近了延安与西安间的空间距离,也增多了乘坐动车经由西安到达延安的游客数量。相较于普通旅客列车,动车运行时间的缩短,扩大了延安的市场覆盖半径。

省际客车是延安与周边城市间使用最为频繁的交通工具。在原有延安汽车站的基础之上,为了满足日益增长的本地居民出行需求和外来游客进入需求,延安市修建了客运汽车南站,增发了延安与周边重点客源城市之间的省际客车。目前,延安每天发往北京、太原、石家庄、兰州、洛阳等周边客源城市的高档省际客车达 100 个班次以上。

公交车是延安连接主要景区及游客集散地的重要交通工具。在已有道路改造整修及新道路建设的基础上,延安市相继开通了通往旅游景点的 20 多条公交线路和 4 条旅游专线,大大方便了游客和本地居民的参观、游览活动。

延安目前已形成了由飞机、火车、动车、省际客车以及公交车所构建的立体、多维旅游交通体系,为游客来延旅游以及在延期间的出行、游览提供了便利,提升了延安红色旅游目的地形象。

(三) 顺应散客化发展趋势,完善旅游标识系统

散客旅游接待能力是衡量一个城市旅游业成熟度和综合服务体系完善程度的重要标识。散客旅游时代的到来,要求旅游目的地应针对散客旅游需求,提供散客自主、自助旅游中所需要的信息、产品、服务等相应内容。针对散客自驾游现象,完善各类标识系统。

据统计,来延安的游客中,散客和自驾游所占比例达 80% 以上。延安市针对散客及自驾车游客旅游需求，进一步完善了公共设施引导标识、景区引导标识、道路交通标识等，满足了游客出游需求，营造了良好的旅游氛围。

道路、交通引导标识是自驾车游客出行中最为关注的一点。延安市在旅游线路、城区设置了规范、醒目、指示明确的道路、交通引导标识。在210国道及部分省道、重点旅游专线增设了道路标线和标牌，以更加方便自驾车游客和居民的旅游出行。在主要旅游线路、主干道上增设景区引导标识。在景区景点入口设立主题鲜明、品位高雅、吸引游客的景区景点标识。各区县也针对本地实际，增设新引导标识。富县在城区新设置道路交通指示牌12处，设置交通引导牌50余处，在未设置交通道路指示牌的重点景区和县城区，新增规范、醒目的指示牌18处。子长县、延长县等地均在城区、通往景区景点的公路干线上、县城出入口，重要地段设立旅游交通、公共服务设施、景区景点指示引导牌。

为进一步突出延安红色旅游城市形象，延安市正筹划选址建设中国优秀旅游城市标志——马踏飞燕雕塑。同时规划、建设延安作为革命圣地的红色旅游标志，增加城市的红色旅游氛围。

二、加强旅游市场执法，畅通信息渠道，完善公共信息服务体系

随着我国旅游业的快速发展，旅游消费日趋成熟，旅游市场已步入散客时代。2010年国内游客抽样调查结果显示，88.3%的居民出游不选择旅行社，仅有11.7%的居民选择通过旅行社出行。散客时代的到来对旅游目的地的公共信息服务能力提出了更高要求。能否在游客出游前、中、后为游客提供相应的信息和服务，成为散客化时代旅游目的地信息服务建设的基本特征。在关注到散客化时代这一特征的同时，也不能忽视第四媒体——网络媒体的发展所带来的媒体新时代的到来。中国互联网信息中心发布的调查报告显示，截至2012年12月底，我国网民规模达5.64亿，互联网普及率为42.1%，手机网民规模为4.2亿，网民中使用手机上网的用户占比由上年底的69.3%提升至74.5%。散客化和网络化两大趋势促使旅游目的地在旅游公共信息服务体系建设中，必须现实面对散客对目的地旅游信息、咨询、投诉等服务的更为发散的需求，同

时也要广泛充分利用网络媒体的优势，以更好地为游客服务。

延安市在旅游公共信息服务体系建设中，使用官网、官方微博等新媒体发布信息，实现与游客互动；通过旅游咨询中心、旅游质监所等机构保持与游客的及时沟通；通过联合执法，加大执法力度和强度，解决旅游局单一部门无法解决的相应问题，确保游客利益可以得到保护。

（一）充分利用网络媒体，推进旅游信息化建设

延安充分利用并发挥网络等新媒体即时性、可达性强的优点，将其作为旅游信息发布、旅游咨询、旅游投诉、旅游沟通、旅游宣传的渠道，加快旅游信息化建设的步伐，取得了良好的效果。延安旅游网新版上线以后，在旅游政务、旅游宣传功能之外，增加了与游客沟通互动的内容，如旅游投诉、旅游咨询等功能，并增设在线客服，随时回答游客的咨询和投诉，将游客问题及时化解，在宣传延安，提升延安旅游形象的同时，也杜绝了游客因投诉无门而引发的其他不良效应。延安旅游质检网在宣传、发布旅游质监工作制度、工作动态的同时，及时发布质监投诉处理情况，同时公布质监投诉电话，为游客投诉提供多种选择。旅游质监网上的导游红黑榜是网站一大亮点，对导游服务情况进行网上公示，使游客可以事先预知导游品质，避开黑心导游，在保证团队游客知情权的同时，也有利于导游市场的优化。在利用官方网站加强信息宣传与沟通的同时，延安市旅游管理部门还及时把握微博等媒体在舆情引导方面的优势，开通了@延安市旅游局、@延安旅游投诉等官方微博，延安公共服务类机构及旅游企业也开通了微博，成为宣传、推广延安的渠道之一，同时也搭建起延安旅游各相关部门与游客沟通、互动的桥梁。目前延安旅游局 V 认证微博粉丝已突破 66 万人。

在充分利用官方网站、微博加强与游客沟通，实时解决游客咨询、投诉等问题的同时，延安市旅游管理部门还加强了与相关旅游网站的联系，并及时关注游客在旅游预订网站或评论网站以及微博等媒体渠道上对延安的投诉或评论，化被动为主动，及时处理游客反映出的各种问题，不断提升延安在游客心目中的旅游形象。

同时，充分利用 95081 家政服务网络平台，开展了住宿餐饮业信息服务，日呼叫量达 160 余次，方便了游客查询和选择，服务环境进一步改善和优化。

（二）充分发挥职能机构服务功能，快速解决游客咨询、投诉问题

在利用网络等新媒体加快宣传、沟通的同时，也充分发挥职能机构的对客服务功能，处理通过电话、信件、上门等传统沟通渠道的游客的咨询和投诉。2010 年设立的旅游咨询服务中心，与 2002 年成立的延安旅游质监所一道，分别为来访游客提供咨询、投诉处理等服务。从已有旅游投诉情况看，电话投诉依然是来延旅游者旅游投诉的主要方式（82.75%），其次是上门投诉、信件投诉（8.95%）和网络投诉（8.30%）。旅游咨询中心与旅游质监所密切联系，以共同提高游客旅游体验和满意度为目标，相互配合。把解决游客利益放在工作首位，按照有投诉必接、快速反应、坚决查处的要求，投诉电话 24 小时畅通，做到每起投诉有受理、有回应。并对游客的旅游投诉和旅游违规违法案件在第一时间进行调查处理和网上公示。同时，针对超出旅游局处理权限内的投诉，加强与大整治活动办公室的密切联系、沟通，及时转交查处游客投诉，解决游客反映的问题。

延安市旅游质监部门采取明察暗访、随机抽查等方式，对全市旅游景区、旅行社、星级饭店、导游人员及部分旅游购物点等进行全方位、拉网式巡回检查，打击各种违法违规行为，并及时在网上开设旅游投诉窗口，反馈和公布处理结果，通过多管齐下，有效规范了旅游市场秩序。延安市还积极推进"12315"站点进景区行动，切实加强旅游消费维权工作，维护好广大消费者的合法权益。目前，在每个景点都建立了"12315"投诉站，统一标志、统一制度、统一受理调解程序，尽量做到方便投诉、快捷处置，让游客满意。

各区县在受理游客咨询、投诉中也逐渐形成了相对完善的处理体系。黄龙县形成了旅游投诉处理各部门联动机制，加强旅游质监巡查，高效快速地受理、衔接、处理旅游投诉。富县建立消费者申诉举报中心 1 个，消费者协会分会 13 个，设立消费者申诉举报联络和消费者申诉站 119 个。并围绕主要旅游景点，发给申诉举报联络员每人每年 300 元的补助。同时，还制作大型提示牌 2 块，在宾馆和景点、超市的醒目位置张贴了温馨提示牌、警示牌 200 块，设立"12315"申诉举报电话，方便游客和群众在旅游中合法权益被侵害时能及时向相关部门申诉。

（三）成立联合执法机构，加大旅游市场执法力度

旅游业是一个综合性强、涉及部门众多的行业，这一特点决定了旅游执法行为很难依靠旅游局一个部门来实现。延安市成立了市旅游环境大整治联合执法组，从公安、旅游、工商、物价、质监、城管、交运、民政、卫生、文广、商务、药监等部门抽调 14 名业务骨干组成，成员涉及旅游主要关联部门。执法组成立后，张西林副市长亲自带队到黄蒿洼市场等 6 处进行了上岗实战。检查组制订了详细的实施方案、工作流程、工作纪律，完善了相关执法文书。在执法检查中做到分工合理，重点突出，同时又高度重视与相关执法部门的协调配合。对于能够及时纠正、现场解决的问题，执法组不等不靠，速办速决；对于涉及多个执法部门或者影响面大的复杂问题，为确保执法效果，执法组及时协调相关执法部门，增派力量；对于具有代表性、普遍性或者专业性比较强的问题，执法组向相关执法部门下达执法通知书或者电话通知，提出建议和要求，并向督导组提交督察意见，对执法效果进行定期督察。

联合执法组在执法过程中，通过严查重罚，震慑旅游市场上的不法行为。游客投诉问题一一查实，对于违法行为及时处置。例如，西安游客投诉延安杨家岭一餐饮点服务人员素质低等问题，进行了调查处理，辞退了服务员，并把饭菜价格公布在墙上。对景区检查中发现的假导游问题，执法组和市旅游质量监督所迅速控制人员，进行谈话笔录，积极与假导游人员所在地的县旅游局、公安局协作配合，县公安局抽调人员，成立了专案组，对有关人员进行侦察、调查取证，依法进行严厉打击，净化了旅游市场。在严查的同时，执法组还借助媒体的力量进行宣传，形成舆论压力。例如，对马家湾小区的广告牌破烂不堪、垃圾成堆，西北川公园设施破坏严重，三轮车违规载客，出租车拉客绕行，美丽商店与游客发生争吵等 80 起事件在电视、报纸媒体上曝光。并对指南针、蓝花花等 8 家旅行社，私自将游客交给大连驻延安办事处一旅行社散拼团违规行为，在广播、电视、报纸和网络进行公开曝光，责令停业整顿，对其进行处罚，退还了 38 名游客的有关费用，并对游客赔礼道歉。

三、加强旅游行业管理，完善旅游行政服务体系

旅游行业管理是随着市场经济的发展而发展的。通过管理政策制定、管理制度出台、管理手段推行，逐步提高旅游行政管理部门对整个行业的监管、引导和推动发展。借助旅游标准化进一步规范企业行为，借助信息化和服务质量提升推动旅游企业进步，通过制度建设和执法力度规范市场秩序，从而实现对旅游行业的有序、高效管理。

（一）推进旅游政策规则建设，提高旅游行政管理效率

延安市在旅游环境综合整治过程中，进一步深化了政策、规章、制度建设。近两年来，先后创新出台了延安市《旅行社等级管理办法》《旅游景区讲解员服务标准》《旅游景区工作人员"委曲奖"实施细则》《旅游推荐接待单位评定及管理办法》《"农家乐"星级划分及评定标准管理办法》等政策法规，基本形成了市、县（区）和旅游景区三级旅游管理体系，以及由市直各相关部门参与联动的旅游投诉处理机制和假日旅游指挥体系，完善了旅游行政管理体制，大大提高了旅游行政管理效率。

（二）加强标准化建设，规范旅游企业行为

以旅游企业标准化建设为引导，进一步规范旅游企业行为。加强了对旅行社诚信服务的监管，采取资格公告、等级评定、广告审核、市场检查、质量抽查、档案和合同的监管等系列措施，查处旅行社违规经营和失信行为，整顿了旅行社市场秩序。认真落实《延安市旅行社达标规范要求》和《延安市旅行社分支机构管理办法》，全面推行《延安市国内旅游合同示范文本》；制订了《延安市旅行社质量等级划分与评定办法》，对全市旅行社实行 A 级质量等级评定和动态化管理，评出 4A 级旅行社 6 家，3A 级旅行社 27 家，2A 级旅行社 6 家，1A 级旅行社 1 家；对全市持证导游人员进行了 2010 年度业务培训和资格审核。同

时通过延安旅游网和《延安日报》、延安电视台将旅行社等级评定结果和导游年审结果予以公告;开展了"优质导游"评选活动和旅行社游客满意度调查工作。

加强对星级饭店的监管和引导,全面贯彻实施《旅游饭店星级的划分与评定》(GB/T14308-2010)国家新标准,采取严格准入、全面复核、定期抽查、暗访检查、及时监控、动态管理等措施,加强对星级饭店的日常监管,规范星级饭店的经营和服务行为。制定了《延安市旅游星级饭店评定与管理办法》和《延安市星级饭店服务标准》,严格进行星级饭店年度资格复核,实行动态化管理,完成对4家饭店的星级评定、32家星级饭店的复核,对6家星级饭店予以整改处理,对4家星级饭店予以摘星处理;提倡各星级饭店改变传统的中午12时退房的规定,将退房时间延长至14时。完善社会餐馆管理体系,加强对社会餐馆开业审批和营业监管。按照"谁审批、谁监管"的原则,在社会餐馆服务大厅醒目位置设告示牌,统一对外公布各监管部门、单位的监督举报电话。按照国家和行业的标准,采取全面检查、达标认证、暗访抽查、联合执法等方式,加强对非星级饭店和社会餐馆的食品卫生、安全、秩序、价格和服务质量的监督管理,提升整体服务水平。实施延安旅游推荐接待单位管理办法,为游客提供放心、安全的消费场所。

(三) 开展创优活动,提升旅游服务质量

旅游部门2011年年初制定下发了《关于加强行业监督管理提升旅游服务质量工作的通知》,在全市各旅游景区(点)、星级饭店、旅行社等旅游服务单位开展了"争创游客满意单位"活动,从职业道德、制度建设、服务环境、服务礼仪、便民措施、服务效率、环境氛围七个方面的共性标准和旅游景区(点)七个方面、旅游星级饭店五个方面、旅行社八个方面的个性标准上要求。下半年又在此基础上组织开展了全行业"为民服务创先争优"活动,召开了全市旅游行业"争创游客满意单位,提升服务质量"经验交流推广会。

(四) 各地竞先创新,不断提高旅游行政管理水平

各区县在旅游行业管理中也形成了具有本地特色的管理制度和手段,效果明显。

安塞县对旅行社、饭店、商场、超市等旅游重要接待部门进行整顿。全面清理旅行社中挂靠承包或变相挂靠承包等非法旅游中介经营行为，清理街头发传单招揽游客、非法经营的行为。严厉打击旅行社超范围经营、零负团费、虚假广告、不履行合同等扰乱旅游市场等行为。规范旅游商场、超市、旅游商品的价格管理，要求明码标价，符合相应价格管理要求。对酒店经营中存在的虚假宣传进行整顿，查处非星级宾馆冒用星级标识进行虚假宣传、发布虚假广告、质价不符等不正当竞争行为，切实解决了服务质量差、游客投诉多、影响安塞形象的问题。

宝塔区成立了由旅游局牵头，区政府办、公安、工商、质监、物价、药监、文化等部门共同参与的联合执法小组，集中开展旅游市场大检查，对旅游商品销售门店、非星级酒店、餐饮门店、农贸、商贸等市场进行集中检查，对辖区内特别是游客投诉的酒店、餐饮店进行严肃处理，并对相关违规部门下发整改通知书，要求限期整改，进一步规范旅游市场秩序。

富县推行食品安全监管"一票清"和"协议准入"等追溯机制，围绕主要景区创建"食品安全示范店"，在县、乡镇所在地的主要商业街创建"食品安全示范街"，切实提高食品质量，从源头上保障了游客和消费者的利益。

甘泉县加强对食品安全、职业病防治、公共场所卫生等方面的监督管理，严厉打击无证经营行为，建立完善索证索票制度，全面提升餐饮卫生服务水平。

黄陵县按照标准化管理要求，严厉查处旅行社超范围经营、不正当竞争、虚假广告争抢客源等行为，打击酒店餐馆高价欺宰外地游客行为，严肃查处"黑导游"以及导游擅自增减旅游项目、强迫游客购物等违规行为。在全县范围内开展经营门店"五统一"活动。

黄龙县采取全面检查、达标认证、暗访抽查、联合执法等方式，加强对非星级饭店和社会餐馆的食品卫生、安全、秩序、价格和服务质量的监督管理，提升整体服务水平。实施黄龙旅游推荐接待单位管理办法，为游客提供放心、安全的消费场所。

洛川县启动了《餐饮服务许可证》的申请办理工作，并积极开展联合执法检查，确保食品药品安全。

延长县加强了对全县宾馆、酒店和餐馆的检查，查处不符合标准44家，停业整顿17家，没收、销毁不合格食品1050千克，切实保障了游客和人民群众的身体健康。

四、提倡全民参与，加快建设旅游便民惠民服务体系

"更多的国民参与，更高的品质分享"是新时期旅游业发展的重要目标。旅游公共服务应立足于平民视角，着眼于大众旅游需求，为游客提供更多的公共服务内容，施惠于游客，推出便民措施，为游客提供更多、享用得起的高品质旅游服务。

（一）让惠于百姓，革命旧址免费参观

延安红色旅游在发展过程中，非常注重红色旅游发展的社会责任和教育责任，通过红色旅游景区免门票等方式，真正让惠于百姓，使延安红色旅游成为所有人都能享受得到、享受得起的内容。同时，以红色旅游为窗口，向广大游客普及红色旅游文化，宣传延安精神，使延安红色旅游更加深入人心。

延安市的主要红色旅游景区，如王家坪纪念馆、杨家岭革命遗址、枣园、凤凰山革命旧址等均可免费参观，游客凭身份证可在景区售票窗口领取门票参观。节假日实施了更为广泛的免费活动，如 2013 年春节，延安市所有开放的红色旅游景点门票全部免费，不收取任何费用，真正将惠民落到实处。

（二）方便游客出游，完善旅游便民服务设施

城市基础设施的完善程度，关系到游客在旅游目的地期间的旅行和生活的便利性，影响游客对目的地的整体印象。延安市以满足游客需求为出发点，近几年不断完善城市基础设施，加快延安与外部客源城市之间的外部道路，以及延安市区及各区县间的内部道路建设，形成更加便捷、通畅的道路网；加强通信设施、公共厕所等的建设力度，为游客提供更加便捷的城市服务。

延安市近两三年加大了基础设施的建设力度。针对城市道路投入使用年限、设施完好情况，制订道路设施提升改造计划，解决道路设施陈旧破损的问题。先后筹资 10 亿元，对市区道路进行全面改整修，并建设了大桥、石佛沟、

大礼堂等多处广场。延安市的道路建设进展很快，延安至安塞、黄陵至西安的高速公路已建成通车，黄陵至延安高速公路即将建成；连通黄帝陵、壶口、延安三大景区的旅游环线公路改造基本完成，上述道路的建设极大地改善了延安市旅游的可达性，使游客在延安的旅游能够实现"进得来，出得去，散得开"。在完善道路修建的同时，坚持市政设施擦洗制度，确保各类市政设施完好整洁。在通信设施方面，基本建成了电信公用高速同步传输网、基础交换数据网和广播电视光缆联网，移动通信网覆盖全市各个乡镇、景点、宾馆饭店。结合客流流向、流量，合理设置停车场和公交站点，加大景区、市中心区域停车场的建设力度，切实解决停车难问题。

针对城区及景区公共厕所、垃圾桶不足现象，在上述地区规划建设了一批星级厕所，增设了垃圾桶。例如，宝塔区在客流量集中地点新建30座公厕，并积极推行"文明公厕"建设。在建设公共厕所等基础设施的同时，也形成了专人负责、专人管理的常态化管理制度，保证公共厕所建设后的维护与保养能够持续。各区县也纷纷加大了对人流集中区域的垃圾桶投放和垃圾清运力度，以保持城市环境的清洁舒适。

（三）开展志愿服务，营造旅游氛围

编印了《延安旅游服务手册》《延安旅游服务志愿者手册》，主要旅游服务和游客聚集场所已经全部放置了"延安旅游多媒体终端"柜或"延安旅游信息港"牌，同时摆放旅游咨询资料供游客免费领取，主要景区都印制有不同规格的景区宣传、介绍资料免费向游客发放，目前已累计发放10000余册。全面开展延安红色旅游自愿服务活动，在机场、火车站、酒店、景区及市区主要公共场所均设立了自愿服务台或岗，提供旅游咨询和引导服务，深受游客赞许。特别是2012年国庆中秋节期间市旅游局在延安南、北高速出入口设立的红色旅游志愿者服务点，志愿者着红军服为来延游客提供旅游咨询和引导服务，发放延安旅游宣传资料和温馨提示，成为延安假日旅游的一道亮丽风景，并被《人民日报》（2012年10月7日）头版予以报道。举办了为期半年的"延安红色旅游季"系列活动，城市主要街道和旅游线路的灯杆悬挂了红色旅游季广告宣传牌和国旗宣传牌。《延安日报》、延安电视台开辟了全市旅游环境大整治活动专题、专栏，广泛宣传动员，表扬先进，曝光问题，交流经验，"旅游环境整

治市直部门局长访谈录"专题、专栏已对 32 个成员单位主要负责人进行了媒体专题采访。城市公交车站牌增设了"延安旅游交通图",有播放条件的公交车全部到站播放"圣地延安欢迎您"和插播陕北民歌。已选址在延安南北高速出入口和延安机场、延安火车站广场设立四块大型延安旅游形象广告牌。

五、保障游客安全，构建旅游安全保障体系

旅游安全是旅游者出游的最基本需求。旅游安全是旅游业可持续发展的前提和基础，良好的安全保障体系有助于营造旅游目的地良好的旅游形象，提升旅游竞争力。旅游安全保障体系涵盖旅游安全预警、旅游安全控制、旅游安全施救等内容，是保障游客安全出游的核心。

延安市在全市范围内推进"平安延安"建设行动，为游客营造安全、放心的旅游环境。并以旅游安全风险防范为重点，健全旅游应急救援体系，为游客提供良好的社会治安环境，安全放心的住宿、餐饮和旅游设施，切实保障游客的人身、财产安全。

（一）推进"8542"治安防控工程，保障游客人身和财产安全

延安市推出了治安防控体系建设"8542"工程，即密织"八张网"，构建"五大机制"，建立"四大体系"，并确保三年任务两年完成，目前各项建设任务已基本完成，形成了治安防控的天罗地网。延安市的治安防控已形成了相对完善的机制，通过定期巡查、重点巡查等多途径保证城市安全。治安警察在主要景区、景点、广场、夜市及车站、机场等每日高峰期间不得少于两次巡查。特警支队组织特警民警深入市区，开展重点区域巡逻。宝塔分局彻底根除了解放剧院到宝塔宾馆一条街小旅馆的拉客、叫客现象。严厉打击针对游客的"两抢一盗"犯罪行为，及时查处欺客宰客等各种损害游客利益的行为，切实保障游客的人身、财产安全。上述举措有效震慑和预防了犯罪，群众和游客的安全感明显提升，营造了和谐稳定的社会环境，塑造了平安延安的良好形象。

（二）加强日常监管，保障游客饮食安全

延安市推出以餐饮食品安全量化分级管理和小餐饮整治为主要内容的重点工作，依照《餐饮服务食品安全量化分级管理工作实施意见》（延市食药监发〔2012〕55号）及《小型餐馆食品安全监督量化分级管理工作实施细则》（延市食药监发〔2012〕106号）要求，在市区旅游景区、城区主街道、城乡接合部、火车站、汽车站等人口密集区积极开展量化分级和整治工作，全面提升各餐饮店管理水平，使其成为名副其实的"放心餐馆"。截至2012年11月底，通过积极整治，延安市区大型餐馆已做到量化分级管理全覆盖，市区小餐饮量化分级管理也紧跟大餐馆量化步伐。同时，成功创建了西沟、王家坪、井家湾3条县区级餐饮服务食品安全示范街，命名了民俗宾馆等28家餐饮服务单位为县区及餐饮服务食品安全示范店。通过严格的餐饮服务单位食品安全等级评定，进一步完善餐馆"脸谱"标识公示制度，全面推行"放心餐馆"工程建设，使"脸谱"真正成为放心餐馆的标识。

在对餐饮食品量化分级的基础上，延安市还加强了餐饮资质审查以及食品安全抽检力度，确保游客和居民的饮食安全。对市区已登记办理餐饮服务许可证的从业单位进行拉网式排查，严厉查处转让、出租或通过不正当手段取得许可证等违法行为，及时下发责令限期整改执法文书。对无证经营的立即取缔，不达标的停业整顿。宝塔区局与辖区内各酒店签订了食品安全责任书、承诺书，实施了严格的备案制度，建立了完整的企业信息档案。加大餐饮服务环节食品安全抽检力度，对市区部分大中小型餐饮店，旅游景区周边社会餐饮、陕北特色名吃和全市小餐饮食品等单位进行抽检，对不合格者限期整改。通过抽检做到了及时预警，杜绝了食品安全隐患。

（三）加强巡查，做实细节，保障游客旅行及游览安全

市政部门加强对城市道路、照明、窨井等市政设施进行全面检修和维护，对下水道、井盖等设施进行定期检查，消除安全隐患。严肃查处"黑社""黑导""黑车""黑店"，确保游客的人身、财产安全。坚决打击制假售假、以次充优、短斤少两、虚抬价格等欺诈行为。严厉打击旅游产品生产销售的违法违

规行为；大力整治购物点、餐饮点、娱乐点等以非正当手段诱骗游客购买假冒伪劣商品的违法行为，出售假冒、伪劣、违禁产品的购物点，虚报价格、以次充好以及利用缺斤短两手法等欺诈游客的餐饮点。加强对特种设备的安全监察，落实特种设备使用单位的安全责任，加大特种设备安全巡查频次，及时消除安全隐患，确保旅游市场安全。对景区、酒店、餐馆、购物场所、娱乐场所等的设施进行定期检查，及时发现问题，消除隐患。对城区主干道建筑工地围挡，建筑工地文明施工及周边环境、工地食堂等进行了集中大力整治，防止因施工造成的意外伤害。

六、加强人才引进和培训，完善旅游人才体系

旅游业是直接对客服务的产业，对从业人员的素质要求很高。游客在旅游过程中，与各行各业的服务者接触，服务人员的从业素质的高低对游客的旅游体验有直接和重要的影响，成为影响游客对一地满意程度的重要因素。

延安市在红色旅游发展中，非常重视对旅游人才的引进和培养，并通过培训、参观、见习、比赛等多种形式，不断提高旅游从业人员素质，提升本地旅游服务质量和品质，为游客提供更加宾至如归、温暖贴心的服务。

（一）引进、培养专业人才，加强旅游人才队伍建设

延安红色旅游业的大发展，离不开专业人才队伍的支持和努力。近年来，延安市加快对旅游人才的引进和培养的步伐，积极推进人才工程，在旅游人才队伍建设中不断突破。

多方位、多层面地培养和引进旅游专业人才，为延安旅游业发展提供必要的人才支持。建立延安旅游专家顾问团，由旅游界知名专家担任顾问，为延安旅游业发展支着，保证延安红色旅游的快速、健康发展。实施延安市政府和陕西省旅游局的战略合作协议，借助陕西省旅游行业的专家"外脑"为延安旅游科学发展和跨越式发展提供智力支持。同时，延安市旅游局积极促成本市旅游企业与陕西省旅游院校、景区、酒店的合作协议，积极吸引优秀旅游人才到延

安当地旅游部门和旅游企业工作；同时，通过人才交流、学习等多种形式加快本地旅游人才队伍的培养和建设。

（二）形成常态化培训机制，不断提高旅游从业人员的综合素养

延安市近年来形成了常态化旅游培训机制，有效地提升了从业者的素质和服务意识，对于提升延安的旅游服务质量起了至关重要的作用。旅游行业组织开展了"争创游客满意单位"活动和文明优质服务竞赛活动，有力地促进了旅游行业服务水平的提升。制定了《"三山"景区讲解员评定标准》（讨论稿），推行规范化管理和标准化服务。重新编写了延安旅游讲解词，旅游景区探索实施了讲解员考核定级办法，激发了工作活力，强化了讲解员的服务意识。

全面推进了全市旅游从业人员的培训工作。2012年延安市曾举办了为期一个月的旅游从业人员万人大培训，对延安市的酒店、旅行社、景区等各旅游相关行业人员进行专业技能和知识培训，大大提高了旅游从业人员的从业技能和综合素养；举办了清真食品从业人员法规政策培训班，有效提升了清真食品的服务水平；举办了5期乡村旅游从业人员培训班，培训乡村旅游从业人员500余人；与省旅游局联合举办了全市旅游产业发展专题培训班，培训管理与服务人员480人次；对导游类从业人员进行大培训，对导游员、景区讲解人员等400余名涉旅从业人员进行培训，全面提升导游类从业人员的对客服务质量；举行了全市旅游系统"庆党建、创品牌、促服务"活动誓师大会和旅行社、星级饭店、旅游景区、导游员专项整顿和业务培训会，提升了旅游接待单位和从业人员服务水平。

第四章

以环境大整治为抓手，建设红色旅游
目的地城市

为了加快打造"世界知名、国内一流"的旅游目的地城市，延安市委、市政府从 2010 年 5 月在全市开展了轰轰烈烈的旅游环境大整治活动。通过全市上下整体联动，围绕游客普遍关心的热点、难点问题，创新措施，加大整治力度，经过三年的常抓不懈，取得了明显成效，在全国游客满意度排名中由以往的较为靠后的排名上升到 2013 年第一季度的第 26 位，实现较大程度的飞跃，达到 2009 年以来的最高水平。本章总结回顾了延安开展旅游环境大整治，建立红色旅游目的城市的主要经验和做法。

一、建立旅游环境大整治的长效工作机制

（一）成立旅游环境大整治专项领导小组

延安市委、市政府对旅游环境整治工作高度重视，市委、市政府把全市旅游环境大整治活动列入"一把手"工程，成立了由市长为组长、副市长为副组长、31 个部门单位和 13 个县区政府主要领导为成员的延安市旅游环境大整治活动领导小组，领导小组下设督察组和办公室，并共抽调了相关职能部门的业务骨干集中办公，具体负责旅游环境大整治工作的综合、协调、组织、调度、督察等工作。各县区均成立了旅游环境整治活动领导小组，由县区"一把手"领导担任组长。延安市旅游环境大整治工作形成了政府统一领导、部门协同配

合、市区街道分工负责、上下联动、齐抓共管的大整治工作思路。

（二）出台旅游环境大整治年度工作方案，狠抓任务落实

自 2010 年延安开展旅游环境整治工作以来，市委、市政府在各年度旅游环境大整治活动开展之前，均要召开工作动员大会，凝聚共识，并印发《延安市旅游环境大整治工作方案》和《延安市旅游环境大整治工作任务分解一览表》，明确了各年度的具体整治内容、责任分工、方法步骤和工作要求等，向各责任单位分解落实工作任务。大整治活动办公室和督察组发挥职能作用，采取问卷调查、抽查暗访、领导访谈、专项督察和强化整改等措施，有力地推动了整治工作任务的落实。同时，市旅游环境整治领导小组还根据总任务要求，每个月均制定下发《全市旅游环境整治重点部门重点工作月度量化任务表》。市委、市政府主要领导还不定期召开旅游环境整治专项工作推进会，并带队进行现场调研、督导和检查。市旅游环境整治办公室和督察组充分发挥职责，及时开展调查研究、信息通报、督促检查，对未按时落实整治任务的单位予以通报批评并通过媒体进行曝光，通过明确任务，狠抓落实，确保了延安旅游环境大整治工作的顺利推进。

各县区结合自身实际，研究制定适合于本县区的《旅游环境大整治活动实施方案》，明确工作目标、整治范围、阶段步骤、工作重点及责任划分，并逐项将各任务分配各职能部门，多维度分解精炼工作方案。一是整治工作五阶段划分：宣传动员、集中整治、总结验收、巩固成果和建章立制。即整治活动的开展以此五步骤为要，缺一不可。二是突出重点，建立常态管理机制。依照《各县市旅游环境大整治活动实施方案》要求，明确整治工作重点，不断优化旅游环境，切实提高县区旅游服务水平。例如，延长县在整治工作中把中心放在卫生、安全、规范上，以改进服务、提升质量为要，对不符合要求的，限期停业整顿，旅游环境得到切实改善。三是依照《各县市旅游环境大整治活动实施方案》内容分解工作，以"分头负责，专项治理"为原则，由各分管副县长挂帅、各主管部门牵头具体实施、各相关单位配合的方法，确保任务到人、责任到人，有效提升旅游环境整治的效果。如黄陵县对重点整治的城市市容环境、城区交通秩序、社会治安、安全生产、景区管理、旅行社管理、旅游消费环境管理等内容进行细化，将各项整治任务分解到涉及的乡镇及旅游、工商、

公安、交通、卫生、文化、城管、物价、消防等部门。

（三）调整城区管理体制，夯实各级工作责任

延安市还向宝塔区下放了市区环卫和部分规划、土地、城市管理权限，落实了各相关部门和区、乡镇（办事处）、社区责任，充分发挥和调动基层群众的积极性，形成市区联动、部门协作、齐抓共管的工作格局。延安市从社会各界聘请了 30 多名义务监督员，组建了 100 人的旅游服务志愿者队伍，建立了专门的督察队伍定期开展督察，及时发现问题，限时解决。特别是宝塔区将城区主要沟道和山体落实 42 名区级领导具体包抓，将重点地段划分成 58 个责任区，由 71 个区级部门包抓监管；开通了区委书记、区长热线电话，组建了 6 个环境综合整治督察组，不间断地进行督察；建立了单位、门店、住户"四包两禁止"责任制，抽调 210 名后备干部充实到乡镇、街道办工作，组织 2000 多名"红袖章"进行划片巡查和整治。各县也都组织开展了旅游环境和卫生环境大整治工作，例如，延长县划分有景区景点农家乐环境整治、城市环境卫生综合整治、交通秩序环境专项整治、宾馆酒店饭店综合整治 4 个任务范围，以此任务范围划分责任范围，每个责任范围落实一个牵头单位负责，相关部门配合，协调解决整治活动中存在的问题，督促、落实各相关部门的整治工作目标任务，明确"一把手"为第一负责人。同时，对牵头单位、责任单位量化、细化了目标任务和工作时限，逐一分解任务，落实到单位、个人。通过明确责任目标，全市上下形成了全民动员、全民参与的良好格局，城乡环境面貌明显发生变化。

（四）加强监督检查和配合协作

大整治活动领导小组办公室和督察组充分发挥作用，加强协调联络和对各责任单位的监督检查，及时通过简报、新闻报道等方式通报工作进展情况。各责任单位要服从统一调度和安排，及时汇报工作进展情况，同时各指派一名人员作为联络员，加强沟通协调，建立联系人制度和协调会议制度，按照责任分工，密切配合，通力协作，相互支持，主动衔接，做到上下联动、全面推进，形成多部门齐抓共管的有效机制和强大合力。

　　各县区加强旅游环境大整治工作的监督检查，制定《旅游环境大整治考核评分细则》，将大整治活动列入年度目标责任考核的一项主要内容，实行硬考核、硬兑现，并按要求追究责任。例如，延长县、黄龙县、洛川县等都将考评工作与大整治活动相挂钩，进行量化考核。各县区领导小组办公室和督察组开展形式多样的检查、督察，保证整治活动不偏不倚地进行。例如，延长县制定《督察办法》《责任追究办法》等，由领导小组办公室定期不定期进行检查和督察。黄龙县领导小组督察组采取巡查、暗访、受理举报、随机开展名义调查等方式进行专项督察，一周一考核，一月一通报。洛川县开展专项检查，围绕汛期旅游安全、季度安全生产对全县文博单位和旅游单位开展为期一周的安全大检查；组织人员对农家乐发展重点村开展培训检查；围绕旅游环境综合整治阶段工作任务，对全县旅游环境进行彻底的督察。宝塔区环境卫生 8 个督察组对重点部位 24 小时巡回督察，共整治门店 10700 余户，清洗各类门窗、牌匾10000 余处，清洗垃圾桶 100 余次（个），夜查渣土车 28 次 260 辆。督察效果明显，城区卫生环境状况取得较大改善。通过建立长效监督机制，在督察、检查、考核后，对存在的突出问题研究制定整改措施，提出下一步工作重点和改进方向，缩短整治时限，提高工作效率，为旅游环境整治工作深入推进奠定良好循环机制。

二、改善优化市容环境

　　城市环境是城市的脸面，游客在旅游目的地游览期间一直浸润其中，城市的环境卫生状况、公共设施的完善程度、市容市貌等都会给游客留下深刻印象，同时也会对游客的体验形成正向积极效应或负向消极效应。延安市在旅游环境综合整治过程中，非常重视城市环境的改善和提升，实施了城市环境的绿化、亮化、美化工程，清治城市乱象，增建、完善基础设施，进一步优化延安清洁、舒适、文明、和谐的红色城市形象。

（一）突出重点，全面开展卫生专项整治

　　为了给游客创造卫生舒适的就餐、食宿环境，认真开展了餐饮场所、住宿

场所卫生的集中整治和日常监管工作。组织卫生监督人员开展了各类公共场所卫生安全专项整治行动,结合旅游环境整治活动,各项日常工作取得了显著的成效。一是住宿业专项整治行动推进了卫生监督量化分级管理,各类宾馆、酒店、招待所、美容美发和娱乐场所持证率达到100%,经营管理不断规范,卫生安全得到保证。二是各类经营场所从业人员持有效健康合格证上岗,持证率达到95%以上,"五病"调离率达到100%。三是健全了卫生管理制度并塑封上墙。四是配备了"三防一消"卫生设施,落实了消毒措施。五是配备了垃圾存放设施,密闭加盖,并由专人收集。六是有效降低全市鼠、蚊、蝇、蟑螂等病媒生物密度,减少了鼠、蚊、蝇、蟑螂等病媒生物危害生活环境,为全市健康防病创造一个良好的环境。

(二) 以景区建设改造和城市乱象清理为手段,美化、亮化、绿化城市环境

第一,加强景区环境整治。近几年,延安市加大对景区的建设和改建力度,实施了凤凰山、清凉山等景区的绿化美化建设以及宝塔山、清凉山等亮点工程,先后对中组部、中宣部、统战部、边区保安司令部、民族学院、参议会礼堂等旧址进行了维修改造,对枣园、杨家岭、凤凰山旧址和宝塔山进行了完善提高,实施景区综合治理工程,进一步优化景区环境,提高景区吸引力。在全市范围内推进绿化工程,加大园林绿地秋冬季管护工作,对绿篱小灌木进行整形修剪和提升改造。各区县也开展了绿化工程,如富县投资926.6万元,实施北高速引线、茶坊街、沙梁街、正街、南教场街绿化工程,推进城区机关单位院落增绿工作。加大绿化监管工作,加强绿化执法,设立了绿化管理举报电话,实行24小时值班制度,充分发挥群众的监督作用,确保能够及时处理群众举报的各种绿化违法行为。

第二,集中开展市容市貌整治,全面清理城市乱象。延安市取缔占道经营和流动摊点,根除乱摆卖、乱搭建、乱停放、乱扔垃圾、乱倒污水等现象,保持市容环境干净卫生。取缔占道经营和流动摊点,做到商必进店、摊有所位。清理损坏的户外广告牌匾,遏制污水排放、大气污染、噪声等问题,推进城市空气污染、噪声污染、水污染治理工作。加强城区项目建设的工地管理,尽可能减小项目建设对周边居民及来访游客的噪声污染和环境脏乱现象,通过设置围栏,定点施工,工地周边专人清洁等形式保持工地周边环境清洁卫生,道路

通行顺畅。对城区各路段的清扫、保洁工作做到责任到人，确保落实，使延安市的城市卫生状况得到极大改善。

第三，各区县结合实际，突出重点，市容环境整治效果显著。宝塔区开展了以"三沟一线"、机场周边、黄蒿洼、文化沟、二庄科沟、河庄坪高速公路出口沿线、枣园高架桥及王良寺污水厂周边为重点的专项治理，脏、乱、差现象得到了有效改善。同时，还以社区为重点，在居民中开展了"爱环境、讲文明、守公德、重文明"实践活动，全面改进社区清洁状态。对全区旅游景点及"农家乐"周边环境进行整治，为游客提供一个更加舒心、舒适的游览环境。安塞县投资 7640 万元对二道街街面和人行道及滴水沟巷、百货公司巷、龙凤巷进行了改造，并增设了路灯，对城北区、城南区、环城路河道的卫生进行了彻底的清理。清理影响环境的建筑垃圾和卫生死角，修建大型草坪，设置花坛等美化环境。富县陆续投资 300 余万元更新了环卫设施。重点对茶坊川口段、沙梁二道街、老城区、北教场等城区主次干道及主要街道，沿街从事商业、饮食业等经营户和流动摊点进行全面清理整治。建立了清洁工个人档案，环卫工人实行定员、定岗、定路段、定工资管理，定期检查。生活垃圾日产日清，统一拉运，科学处置。甘泉县采取划段包片的办法，把县城的大街、小巷分成 8 个区域，每个区域都落实了牵头单位和整治时限，动员广大居民积极参与，加大清扫保洁工作力度，维护巩固整治效果。在农村环境卫生方面，重点号召群众积极参与道路、庭院绿化、美化。对道路沿线、村庄内外、家庭院落进行集中清理，清除杂草。对沟渠、河道、垃圾堆放处等进行清掏打捞，针对桥墩下、院落旁、垃圾死角处等重点区域开展治理行动。大力推进农村保洁队伍建设，逐步提高保洁人员工资待遇，充分调动了工作积极性。黄陵县全力打造城市生态河流，对沮河城区段河道实施"一河、两带、水面景观、数广场"的治理工程，完成了沮河城区段河面景观工程、县城中心河段 2 座充水式橡胶坝的建设。实施了印池环境综合整治的工程，投资 200 万元，在印池湖心岛实施了"中华神天鼎"安放及绿化工程，投资 173 万元完成了印池两侧绿化工程。开展城市管理综合执法检查，重点对车站、庙前广场、210 国道景区沿线的环境卫生，东关三角区小商小贩、流动摊点占道经营行为进行集中整治。洛川县设立夜市饮食摊点和临时市场，合理疏导流动摊贩。积极维护城市市政设施，积极修补城市道路和人行道，更换污水箅、井盖等陈旧设施，清理违规广告和乱贴乱画，亮化城市环境。吴起县对吴起镇洛河川沿线、吴起镇金马社区、白豹镇白豹川、公路沿线及乡镇驻地、头道川等地段的环境状况进行集中整治,使城乡环境面貌得到了较大改观。对市政设施进行了全面检查和维护,制定管护、维修方案。规范城区道路占用,按照需求在城区设立商业经营网点 8 处,对违章占用道路者予以取缔。

(三)以整顿城市户外广告为重点,全面加强门头牌匾的整治

延安市制定了《延安市户外广告设置专项规划》,开展了城市广告牌匾整治工作,整治市区街道建筑立面、围栏、色彩、招牌广告等破旧、脏乱设施和牌匾,清理视觉污染,确立了重点治理区域,对市区未经审批擅自设置和不符合城市景观要求的户外广告牌匾进行了清理整改和依法拆除,先后拆除违法设置广告牌匾 273 块。旅游环境整治以来,各区县开展了广告示范街区建设和专项整治。目前全市各县区普遍有自己的门头广告亮点,特别是黄帝陵景区、宜川壶口景区、宝塔景区统一了门头牌匾广告,使旅游环境得到了进一步优化。洛川县把门头牌匾整治纳入登记管理之中,方法灵活,效果显著。安塞依托政府投资高标准建设门头牌匾,力度大,成效好。

(四)对建筑工地和违法建设开展整治

一是市住建局联合宝塔区质安站于 2013 年联合进行了为期 18 天的市区范围内建筑工地及周边文明施工大检查,共涉及 19 个建设项目、56 个单位工程。此次检查以落实建设工程及周边文明施工为主,重点对工程现场的安全状况进行检查,共责令停工整改 3 个单位工程,纠正违法 5 个单位工程,限期整改 2 个单位工程。同时对一批安全不达标施工企业进行了现场教育。二是重点对城区主干道建筑工地围墙进行了集中整治,共整治 57 个项目,合格项目 46 个;局部合格、部分正在整改的项目 3 个;未整改的项目 2 个;正在整改的项目 4 个;墙体无内容的项目 2 个,目前整改工作已完毕。三是配合市住建局、市食品药品卫生监督所对城区在建工地食堂进行检查,对从业人员进行食品卫生安全的培训。四是组织开展了违法建设整治工作,对 38 个违法建设项目先后进行 43 次停止水、电供应的强制停工;强制拆除违法建筑 12 起,并对 2 部违法占道电梯、3 处违法占道的工地围墙进行了拆除;对 7 部违法占道电梯发了限

期拆除通知书；市城乡规划局、城管局联合开展了清理占道洗车门店、修理门店、占道工地围墙、临时售楼部等集中整治活动。

（五）对街头和景区周边卖艺现象进行集中治理

为了认真开展街头和景区周边卖艺现象治理工作，延安市四季行动不断，整治力度不减，始终坚持日常检查不放松，联合行动不手软，有计划、有步骤、分阶段地开展了一系列集中整治行动。全面落实网吧属地管理制度。市文化局文化市场综合执法支队把重点力量放在了街头和景区周边卖艺现象治理中。支队把人员分成三个组，实行包片包干制度，重点对枣园、杨家岭、革命纪念馆景区实行定时巡查，对街头卖艺现象实行集中巡查。并公布了公开举报电话 12318，保证举报电话 24 小时开通。再发现卖艺现象的，支队根据具体情况，具体处理。对那些残疾人卖艺者，主要靠说理的方式，劝导他们，给他们讲有关景区管理的规定。对有工作能力的残疾人，尽量协调有关单位，让他们成为农家书屋管理员，给他们解决实际困难。对那些经常在景区以卖艺谋生的，则采取强制措施，让他们离开景点及周边，并且持续不断地反复巡查，效果明显。

（六）完善基础设施，为游客提供更加便捷的城市服务

城市基础设施的完善程度，关系到游客在旅游目的地期间的旅行和生活的便利性，影响游客对目的地的整体印象。延安市以满足游客需求为出发点，近几年不断完善城市基础设施，加快延安与外部客源城市之间的外部道路，以及延安市区及各区县间的内部道路建设，形成更加便捷、通畅的道路网；加强通信设施、公共厕所等的建设力度，为游客提供更加便捷的城市服务。

延安市近两三年加大了基础设施的建设力度。针对城市道路投入使用年限、设施完好情况，制订道路设施提升改造计划，解决道路设施陈旧破损的问题，先后筹资 10 亿元，对市区道路进行全面改整修，并建设了大桥、石佛沟、大礼堂等多处广场。延安市的道路建设进展很快，延安至安塞、黄陵至西安的高速公路已建成通车，黄陵至延安高速公路即将建成；连通黄帝陵、壶口、延安三大景区的旅游环线公路改造基本完成，上述道路的建设极大地改善了延安

市旅游的可达性,使游客在延安的旅游能够实现"进得来,出得去,散得开"。在完善道路修建的同时,坚持市政设施擦洗制度,确保各类市政设施完好整洁。在通信设施方面,基本建成了电信公用高速同步传输网、基础交换数据网和广播电视光缆联网,移动通信网覆盖全市各个乡镇、景点、宾馆饭店。结合客流流向、流量,合理设置停车场和公交站点,加大景区、市中心区域停车场的建设力度,切实解决停车难问题。

针对城区及景区公共厕所、垃圾桶不足现象,在上述地区规划建设了一批星级厕所,增设了垃圾桶。例如,宝塔区在客流量集中地点新建 30 座公厕,并积极推行"文明公厕"建设。在建设公共厕所等基础设施的同时,也形成了专人负责、专人管理的常态化管理制度,保证公共厕所建设后的维护与保养能够持续。各区县也纷纷加大了对人流集中区域的垃圾桶投放和垃圾清运力度,以保持城市环境的清洁舒适。

三、加强社会治安综合治理

(一) 进一步加大对社会治安环境的管控

延安各级公安机关扎实推进治安防控体系建设"8542"工程,各项建设任务基本完成,形成了治安防控天罗地网。宝塔分局根据市局旅游环境整治的总体安排,根除了解放剧院到宝塔宾馆一条街小旅馆的拉客、叫客现象。同时进一步加强治安检查,治安警察在主要景区、景点、广场、夜市及车站、机场等每日高峰期间不得少于两次巡查。特警支队组织特警和民警深入市区,开展重点区域巡逻。宝塔分局巡警一大队联合城区 8 个派出所将城区划分为 8 个巡区、16 条巡逻线,抽调 13 辆巡逻车、30 余名民警重点加强夜间 8:30 至次日凌晨 5:30 的巡逻防控工作。自延安市开展旅游环境整治工作以来,全市公安机关出动警力 7630 余人次,车辆 5810 余台次,有效地震慑和预防了犯罪,群众安全感明显提升。

（二）扎实开展严打整治行动

为营造和谐稳定的社会环境，全市各级公安机关深入推进"平安延安"建设，开展了一系列严打整治行动，有效打击了违法犯罪行为，确保了全市社会治安大局持续平稳。2012 年以来共破刑事案件 1619 起，抓获刑事案件作案成员 1233 人，查获犯罪团伙 12 个；查处治安案件 2145 起，处理违法人员 3244 人。破获各类毒品违法犯罪案件 1197 起，抓获涉毒违法犯罪人员 1253 人，缴获毒品海洛因 3059.02 克。特别是全市 13 支专业反扒队深入各旅游景点，有力地打击了扒窃、偷盗、敲诈等违法犯罪活动，确保了游客人身财产安全。

（三）进一步加强旅游景区、景点的巡逻执勤，及时处理涉旅案件

在全市各旅游景区、景点共建立警务室 17 个，并加大了对景区的巡逻频率和密度。2012 年宝塔分局开展了为期 10 天的反扒打绺专项行动，抓获各类偷盗犯罪嫌疑人近百人，社会反响良好。延长县公安局强化基层基础建设，成立了社区警务大队，主要开展基础信息采集机巡逻防控工作，目前人员及装备配备均已到位。同时，各级公安机关积极配合工商行政等部门，查处、整治在旅游景区欺客宰客、强买强卖、尾追游售等损害游客利益的行为 23 起。

（四）加大对重点区域违法行为的打击力度

延安市各级公安机关加强了对网吧、歌厅、宾馆饭店、车站等重点区域的治安监控，开展了"清网行动""雷电行动"等治安整治活动，与涉旅单位签订旅游安全目标责任书，加强对旅游接待服务场所治安防范工作的指导，严厉打击针对游客的盗窃、诈骗和敲诈勒索、打架斗殴、酗酒滋事等多发性侵财和人身伤害违法犯罪行为，打击色情敲诈、暴力宰客等违法犯罪行为，打击在车站、景点沿线等游客集散地争夺地盘、抢拉游客和敲诈勒索等欺行霸市行为，及时查处各类治安案件，保障游客的人身和财产安全。

（五）对文化出版市场进行集中治理

一是强化日常监管，严厉查处印制、出售、传播非法出版物的违法犯罪行为。2012年1～11月，先后2次开展了中小学进校书刊专项检查，共检查各级各类学校30多所，收缴盗版教材和教辅读物1000多册。同时，开展了净化网络文化市场专项整治行动，文化、公安、工商、文明办等相关部门多次开展联合检查，取缔了一批黑网吧，查缴"黑网吧"电脑179台，极大地震慑了网吧违法经营，有力地维护了文化市场秩序，净化了社会文化环境。二是大力扫除淫秽色情等文化垃圾，持续开展网络"扫黄打非"工作。全市各级文化、公安、工商等部门，按照抓源头、打基础、切断利益链的要求，组织了打击网络淫秽色情专项行动，深入持久开展整治互联网、手机媒体淫秽色情和低俗信息违法犯罪工作，对市区162家互联网单位进行了调查摸底，重点检查网上传播视听节目、互联网出版服务、论坛、聊天室、点对点网络、博客、拍卖网站和WAP网站，其中清理删除组织淫秽色情表演6条，扰乱社会秩序的谣言、诽谤类信息50条，攻击关闭淫秽色情网站3个，运营商自查关闭网站1个，警告违规经营单位8家，停机整顿2家，停止联网2家，协查办理浙江、新疆网络淫秽色情案件多起。三是积极稳妥查处非法出版物。2012年7月，市文广局市场科、市文化市场综合执法支队的有关人员对枣园、杨家岭、革命纪念馆等景点出版物市场进行了突击检查。收缴了《陕北民间故事》《陕北情歌》《陕北民间笑话》《陕北民俗歌谣》等非法出售的内部性资料出版物20多种。此外，延安市"扫黄打非"工作领导小组办公室还积极落实中央、陕西省、延安市对违禁出版物的查处工作要求，开展拉网式排查，查处收缴一批违禁出版物。

（六）规范民族宗教事务管理

第一，依法加强宗教事务管理。在依法管理宗教事务工作中，延安市根据《宗教事务条例》和《宗教场所登记办法》，依据"保护合法，制止违法，打击犯罪"的原则，依法管理宗教事务。一是对全市宗教场所的财务和民主管理建设情况进行检查，纠正了宗教场所在财务管理中不规范、民主管理组织不健全等问题，解决了宗教场所面临着"缺、乱、弱"的突出问题，清理财务完善手续。二是 2013 年 5 月，民宗、统战、公安、城管、民政、工商、药监等部门联合下发了《关于坚决打击借佛敛财的行为，全力维护我市旅游环境的通知》，对延安市存在的乱收布施、烧高香、诈骗游客等不法行为，通过走访旅客、群众，明察暗访，进行调查，弄清了事实，及时处理。依法维护了宗教界的合法权益。三是坚决打击非法宗教活动，净化旅游市场。2013 年 5 月，市民宗局与公安、城管等有关部门配合，先后劝散、取缔 5 起违法宗教活动。对城区百米大道利森酒店假冒僧人借佛敛财的行为进行处置，对宝塔区公墓修建露天佛像、桥儿沟一里铺村二郎神庙、吴起县寺湾、子长羊马河等地乱建寺庙问题进行调查，维护了延安旅游环境秩序。

第二，加强清真食品市场的管理。2013 年 5 月，市民宗局与市工商、食品监督等 7 个部门联合下发了《关于对全市清真食品生产经营行业进行检查的通知》，开展联合执法检查，由市民宗局牵头，市教育局、工商局、法制办、商务局、质监局、药监局、宝塔区清真寺共 8 个部门参加，组成联合检查组，对吴起县、黄陵县、宝塔区 3 个县区及延安大学、延安职业技术学院的清真食品生产经营情况和民族宗教政策贯彻落实情况进行了抽查。抽查采取"听、看、查"的方式进行，即"听"是听取县上关于清真食品生产经营管理自查情况及落实民族政策情况的汇报；"看"是深入食堂、超市等清真食品生产经营现场查看；"查"是在每个点上由各相关单位根据各自执法要求进行检查；发现问题，随时纠正；当时无法纠正的，限期进行整改；整改不力的，予以停业关门或取缔处理。

第三，积极开展创建和谐寺观教堂活动。2013 年 5 月 16 日，市民宗局、统战部、发改委、民政局、财政局、税务局等部门联合转发了省宗教局《关于转发中央六部委〈关于鼓励和规范宗教界从事公益活动的意见〉的通知》的通知，制定了《延安市开展创建和谐寺观教堂考评细则（试行）》印发各县区贯彻执行，重点从创建活动"八项标准"上，进行严格要求，通过打击违法宗教活动，进行坚持"三自"办教方针，抵御渗透教育；利用延安的政治优势，进行爱国爱教、服务社会教育；通过对教职人员培训和认定，进行教风端正、管理规范的教育；通过增加民族宗教界的联系和交流，进行团结稳定教育。

第四，妥善处理民族宗教领域的矛盾和纠纷。2013 年以来，市民宗局转发了省民委、省民政厅《关于转发〈国家民委、民政部关于加强新形势下社区民族工作的意见〉的通知》（陕民委发〔2012〕10 号）的通知，制定《延安市民族团结进步示范社区创建标准》,三次与市城管局、相关社区联合执法,对占道经营的少数民族经营户宣传民族政策法规,要求他们主动配合市容整顿工作,依法维护延安市场秩序。针对当前到延安务工的新疆维吾尔族群众增多的情况,以省民委《关于进一步做好新疆少数民族群众到内地经商务工服务管理工作规定的通知》为依据,规范管理,治理长期乱设摊点、占道经营的顽症,为保持延安经济持续健康发展提供良好的发展环境。

(七) 加大了流浪乞讨人员救助整治力度

第一,制订方案,夯实责任,狠抓落实。延安市民政局结合实际,针对突出问题,制订了《延安城区流浪乞讨人员救助整治工作实施方案》,明确了指导思想、目标任务、整治范围、整治时间和工作要求。整治工作由延安救助管理站具体负责实施,该站在做好站内救助工作的同时,成立了一支现场巡查救助服务队,配备两台车辆,每天对枣园、杨家岭、王家坪、宝塔山等景区和解放剧院、二道街等重点区域的流浪乞讨人员进行"现场救助""流动救助"。对"职业乞丐"、假乞丐等现象进行劝导,并发动广大市民积极参与救助工作。市局整治救助领导小组严格进行督察,每周至少督察2次,确保整治工作扎实到位。

第二,突出重点,坚持巡查。把车站、城区主要街道、广场、旅游景区作为整治重点区域,救助站出动专用车辆全天巡回检查,并安排1~2名工作人员蹲点,做到发现一例,及时救助一例,劝返一例,处置一例。

第三,坚持救助与清理相结合。对多次救助送返之后,又来延安长期在车站、城区主要街道、广场、旅游景区留守的职业乞丐和卖艺行乞的残疾人,认真宣传国家社会救助的相关法规和市政府旅游环境整治的有关要求,做深入细致的说服教育工作,劝导他们接受救助,及时返回原籍。对不听劝导、不愿入站接受救助影响市容市貌的"钉子户",积极联合公安、城管、旅游等部门依法予以清理。

第四,密切配合,形成合力。由于流浪乞讨人员救助整治工作非常特殊、情况比较复杂,这些人有当地的,也有外省市的,有真乞丐,也有假乞丐,延安市民政局、公安局、城管局、旅游局、周边跨省救助机构和各县区党委、政府加强联系与合作,并发动街道办、社区参与,团结协作,相互配合,形成联动机制，使城区流浪乞讨人员基本得到妥善处置。截至 2011 年 12 月 12 日，市、区民政局和延安救助管理站工作人员上街巡查、开展救助帮扶流浪乞讨人员 650 余次，救助帮扶各类流浪、残疾乞讨人员近 2764 人次，其中，救助流浪危重病人 27 人次，安全送返流浪未成年人 35 人，接收安置弃婴 120 名。经过 9 个月的不懈努力，整治工作取得了明显成效，目前延安街头、景区流浪乞讨人员大为减少，一些重点部位如解放剧院广场、枣园、王家坪、杨家岭等地方几乎看不到流浪乞讨人员，流浪乞讨人员影响市容市貌和旅游环境的现象基本得到了遏制。

四、加强交通环境综合整治

（一）完成城市客运体制改革

城市客运中的公交车、出租车服务水平是展示城市形象的重要窗口，以前存在的基础设施建设薄弱、管理体制机制不顺、运营秩序混乱、服务质量不高，出租车拒载拼座、欺客甩客、私下倒卖等现象严重。延安市先后进行了城区公交资源整合和出租车资源整合，2012 年 9 月底完成公交资源整合，2013 年 1 月 25 日完成出租车资源整合。彻底理顺了城市客运管理体制，随着新型公交车、新款出租车的投放运营，城市客运形象面貌一新，服务质量正在逐步提高。

（二）做好车站及周边环境整治工作

延安汽车南站、东站运营环境一度比较差，秩序混乱。按照整治工作要求，延安市安排市运管处、市运管所及驻站工作人员对车站及周边环境进行了集中整治，重点打击长途客运站外揽客、强行拉客、蛮横欺客等违规行为和重点场站环境卫生整治，共计出动运管执法人员 700 余人次，查处违规车辆 28 辆次。市运管所抽出一个中队在解放剧院严防死守，杜绝长途车、"黑车"停留揽客，确保了运输市场秩序稳定，规范了运输市场，受到乘客的一致好评。

（三）加强维修市场及马路洗车整治工作

加强市区维修、洗车行业的监管，市交通局、公安局、城管局、工商局及所辖街道办事处，从 2012 年 3 月起，历时近 8 个月不懈努力，在市区百米大道、长青路、裕丰桥、210 国道沿线开展维修市场占道经营专项整治联合执法行动，下发搬迁通知 600 余份，取缔无证经营业户 23 家，强制搬迁 4 家，共收缴维修工具 2300 余件，在宝塔办事处的大力配合下，对多年来在长青路违法经营的"钉子户"实行了强制搬迁，有效打击了非法占用道路或公共场所进行维修作业行为，遏制了非法维修经营势头。

（四）加大"黑车"专项治理工作

"黑车"参营一直是道路运输管理中的一个顽疾，存在很大的运输安全隐患。2012 年 4 月初，延安交通局与交警支队召开专题会议研究部署打击黑车专项整治，主持召开了由各县交通运输局主管局长、运管所所长，各县交警大队大队长参加的打击"黑车"专项整治活动动员大会，印发了《延安市交通运输局、延安市交通警察支队关于开展打击"黑车"专项整治活动工作方案》，明确职责，加强了部门联合协作，为建立打黑工作长效机制奠定了坚实基础。截至目前，打击"黑车"专项整治活动取得了阶段性成果，有力维护了道路运输市场经营秩序。

（五）加强公共交通管理

一是加强公交车辆管理，狠抓公交车车容车貌，车辆卫生必须达到"五净一亮"标准，方可参与营运。二是根据公交运营中存在的突出问题，明确要求车辆必须规范、文明运营，严格按规定时间运行，准时正点发车，按时交接班，不准乱掉头、乱窜线，不准强超抢会、超速行车；坚决整治司乘人员在运营工作中拒载老年人、乱收乘车证件、不讲文明用语、恶语伤人、态度恶劣、谩骂乘客的不文明行为；大力整治车辆运行中强超抢会、超速行车、相互飙车、压站甩站、站点停车不规范等违规行为。三是合理规划，调整公交线路，加密公交车辆班次，延长公交运营时间，更新公交车 70 辆，达到公交为民、便民的目的。四是加强对出租车管理，不断完善出租车公司化经营，严厉打击出租车拒载、拼座、服务不文明等行为，提高出租车驾驶员准入门槛，清除出租车驾驶员队伍中的害群之马，提高了驾驶员安全意识、服务意识。

（六）强化交通综合管理

一是针对市区公务车交通违法行为突出等问题，交警部门会同市委政法委、市公安局督察支队、延安报社、延安电视台等部门进行突击检查，将查处的公务车一律先在延安电视台和《延安日报》上曝光后，按上限处罚，警用车辆处罚后还抄报市委政法委予以通报。二是继续加大打击涉牌涉证突出违法行为不放松。开展了为期 2 个月的涉牌涉证违法行为专项整治，重点查处挪用其他车辆号牌、伪造机动车号牌等违法行为，收缴违法机动车号牌 290 余副，收缴违法证件 415 副。三是组织开展为期一年的渣土车专项治理。四是严厉查处酒后驾驶。五是严厉打击普通民用车辆乱停乱放问题。目前，已张贴"黄单" 3 万多份，全部录入违法信息系统；共拖移违停车辆 4060 辆。

（七）加强交通基础设施建设

第一，加强公交站点设置和港湾建设等基础设施建设。为了有效改善城区范围内交通拥堵，市交通局、规划、城建、工商等部门共同对市区公交线路进行了深入调研，在市区主要线路、主要地段修建公交港湾 20 余处，方便了广大市民乘车，缓解了交通拥堵。

第二，增设国省道路标线、标牌。随着延安红色旅游的不断升温，来延游客不断增加，特别是节假日自驾游游客的日益增加，完善道路标线、标牌工作显得非常重要。在 210 国道及部分省道、重点旅游专线增设了标线、标牌，方便了来延游客的出行、观光。

第三，行业管理部门完善了基础服务设施。在火车站、机场设立了客运服务管理站，合理安排接车、接机公交、出租运力，实现城市公交与火车、机场的有效对接。

五、提升市民文明素质

（一）强化宣传教育

第一，组织社区居民和流动人员公德培训。延安市组织各行业部门深入村镇、单位、学校、企业工地、楼院和家庭，有针对性地对村（居）民、个体工商户、企业从业人员、建筑工地务工人员和流动人口等进行文明礼仪及社会公德培训教育。共举办各类培训班 187 期，发放《文明市民手册》18 万册，培训人员达 9 万余人（次）。

第二，开展系列宣传教育活动，营造红色旅游目的地城市良好氛围。延安市充分发挥以文教化、以文化人的文化教育功能，举办以"文明社区、和谐家园"为主题的大型消夏文艺晚会 20 多场，广泛开展了"讲文明、树新风，做尚德重礼的圣地人"演讲比赛等主题教育活动，既调动了广大群众参与旅游环境整治的积极性和主动性，又让广大干部群众在文化活动中接受教育和熏陶，提升了自我素质。延长县开展"拒吸一支烟，健康你我他"万人签字活动启动仪式、健康教育系列活动和"环境大整治竞赛"活动，开辟"环境整治和创卫动态"栏目，及时报道整治工作中群众关心的热点、难点问题。宝塔区利用宣传车、剪报、宣传栏、报纸等媒体，加大宣传力度，提高市民素质，努力营造人人讲卫生、人人做贡献的良好氛围。延川县沿街悬挂张贴 20 余条宣传标语，发放 4000 余份宣传册，通过移动、联通、电信三大公司免费发送宣传短信，开展深层次宣传，推动整治活动有序进行。

第三，充分发挥新闻舆论的导向与教育作用。延安报社、延安电视台和政府信息网充分发挥新闻媒体强大的舆论宣传作用，开辟专题专栏跟踪报道创建进展情况，报道创建文明城市中涌现出的好人好事，弘扬了社会文明新风。甘泉县通过电台发出倡议书，引导群众自觉养成良好的生活、行为方式和公共环境卫生意识，在县城主街道设立旅游环境整治宣传岗，派出义务宣传员，对不文明行为进行劝导，发放各类行业资料万余份。同时，还在电台开辟聚焦旅游环境整治专栏和百姓视角栏目。通过县政府公众信息网、甘泉通信先后发布各类旅游环境动态信息 200 余条。黄陵县在电台开设省级旅游示范县建设和旅游环境整治工作宣传栏目，大力宣传加快旅游产业发展、旅游环境整治工作的重大战略意义，宣传省级旅游示范县建设和旅游环境整治工作的方法步骤和标准要求。通过持续开展市民素质教育，说文明话、办文明事、做文明人的社会风尚逐步形成。

（二）依托活动载体，促使文明行为养成

一是开展"讲文明树新风"和革命圣地、红色旅游及历史文化名城等公益广告征集活动。以社会主义核心价值体系为根本，制作、刊播了一批以"讲文明树新风"及宣传延安红色旅游、黄土风情文化等为主题的公益广告，以耳濡目染、潜移默化地影响人们的思想和心灵。二是开展文明餐桌行动。市食品药品监督管理局、市工商局、市质检局、市卫生局等职能部门根据职责职能深入宾馆饭店、餐厅食堂，通过发放倡议书、文明用餐小提示等办法，进行宣传发动，让全市所有宾馆饭店、餐厅食堂等餐饮业主自觉参与其中。三是大力开展道德领域突出问题专项教育治理活动。在同人民群众生活关联度高、社会关心关注度高的食品行业、窗口行业和公共场所三个领域，大力开展"讲诚信、树新风""百城万店无假货""诚信一条街""诚信企业门店"评选和"行风评议"、餐饮企业星级等级管理等活动，对违法违规、不守信用者严查严打、加强日常监管，有力地整治了食品行业制售假冒伪劣有毒有害食品，窗口行业不讲信誉、服务质量差，公共场所不守秩序、公德缺失等问题，把道德教育和依法管理有机结合，以法治促进德治，不断增强广大群众的诚信意识、公德意识、责任意识和法制意识。四是广泛开展道德讲堂活动，提升公民素质。五是开展延安市首届道德模范评选活动。活动开展以来，广大市民群众自发踊跃参与，组委会办公室共收到 20 余万张选票，依据得票多少和先进事迹的典型性，由市评委会评出五类道德模范各 10 名，共 50 名为"全市道德模范"和 20 名道德模范提名奖，并在延安广播电视台举行了隆重的颁奖盛典。

（三）突出重点，深入开展多种形式的学雷锋志愿服务

一是大力开展关爱他人学雷锋志愿服务。各县区、各行业、各单位因地制

宜、贴近生活,紧扣群众的实际需要,突出人文关怀,组织了广大志愿者,以老、弱、病、残、孤等特殊困难群众为对象,开展形式多样、内容充实的"送温暖献爱心"志愿服务和富有特色、实实在在的医疗保健、法律咨询等便民服务。二是大力开展关爱社会志愿服务。组织志愿者采取定点包片、流动服务、入户宣传等方式,开展文明礼仪知识普及志愿服务,引导市民知礼仪、重礼节、讲道德,开展公共场所文明引导志愿服务,维护公共秩序,创造良好出行环境。三是大力开展关爱自然志愿服务。开展生态环境保护、植树种绿、清洁环境卫生志愿服务,培育崇尚自然、善待环境的理念,开展普及环保知识志愿服务活动,宣传倡导"保护环境、人人有责"。四是大力开展红色旅游志愿服务。组织动员全市各级党政机关、企事业单位、窗口行业和学校,共80多个单位,2000多名志愿者,从8月份起至10月底,每月一批共分三批,全面投入红色旅游志愿服务中。红色旅游志愿者在全市各个景区景点、重要交通路口、各大商场酒店,给游客引导、指路、答询,发放延安旅游指南、文明市民手册等宣传资料,宣传介绍延安,为游客照看行李、提供热水和常备药品等便民服务,并劝阻和纠正一些市民及游客随地吐痰、乱扔垃圾等不文明行为,受到了广大游客的普遍好评。

第五章

以融合发展为主线，完善红色旅游产业体系

一、融合发展是延安旅游业转型的必然选择

（一）产业融合是新时期国家经济社会发展的战略需要

产业之间融合发展是经济发展到一定阶段的必然产物。就延安旅游业而言，文旅融合是产业融合的重要内容。文化产业发端于美国，繁盛于欧洲，目前已成为发达国家国民经济的重点和支柱产业，经济效益和社会效益十分可观。在我国全面建成小康社会的发展阶段，将文化产业与旅游业融合发展，既有助于繁荣社会主义文化，弘扬中国特色社会主义核心价值观，又有助于推动经济结构调整、转变经济发展方式，满足人民群众多样化、多层次、多方面精神文化需求。《国务院关于加快发展旅游业的意见》（国发〔2009〕41 号），提出要把旅游业培育成国民经济的战略性支柱产业和人民群众更加满意的现代服务业，要大力推进旅游与文化、体育、农业、工业、商业、气象等相关产业和行业的融合发展，把提升文化内涵贯穿到食、住、行、游、购、娱各环节和旅游业发展全过程，这是国家层面对未来 10～20 年旅游业发展方向作出的制度性安排。根据《2012 年中华人民共和国国民经济和社会发展统计公报》，2012 年国内出游人数 29.6 亿人次，国内旅游收入 22706 亿元，国际旅游外汇收入 500 亿美元，旅游业总收入约 2.57 万亿元。旅游业在拉动内需、促进就业方面发挥着重要作用。未来的旅游业不仅是国家经济社会发展的组成部分，也是文化发展的组成部分，旅游业与文化的融合是旅游经济自身和国家经济社会发展的战略要求。

66

（二）产业融合是旅游经济发展到一定阶段的必然选择

产业融合是旅游经济发展的内在需求。根据产业成长理论，产业成长是不断吸纳各种经济资源而不断扩张的过程。其内涵包括企业数量的增加、投入规模扩大、生产能力提高等外延性扩张，也包括技术进步、管理水平提高、产品升级、产业组织合理化等内涵上的提高①。30多年来，我国旅游业取得了长足进步。从产业规模及生产能力等因素看，已经进入加速成长期；从市场结构看，已经进入大众化发展阶段。在旅游业的加速成长期和大众化发展阶段，旅游生产和经营以量的扩张为主，产品、技术和产业组织形态创新提速，专业化程度稳步提升，市场和技术推动的产业融合促使产业边界不断扩大。与其他产业融合发展成为加速成长期旅游业的重要特征。由于文化性是旅游者旅游活动的本质属性之一，旅游与文化的紧密联系自旅游活动产生之日起便已形成。因此，在旅游业与其他产业融合发展过程中，文化产业自然而然成为融合形态最多、发展最广的领域，文旅融合也自然成为旅游业融合发展的突出代表。经历多年的发展，延安旅游业也同全国旅游业发展一样进入转型发展期，进入通过产品、技术和产业组织形态创新来推动产业扩张的阶段，产业融合发展是延安旅游经济发展的必然选择。

（三）产业融合是延安经济社会转型发展的重要途径

进入21世纪以来，延安面临"产业结构单一，油主经济沉浮，转型发展滞后，结构升级缓慢，经济增长乏力"和"延安中心城市的规划、建设和管理滞后，服务旅游产业发展的载体功能和宜居水平较低，与全国人民心中想象的延安还有很大差距"的两大问题尤为突出。如何挖掘优势资源改变产业结构单一的状况是延安经济社会转型发展面临的重大课题。延安市第四次党代会明确提出，要通过发展旅游业来增强发展后劲，要把旅游业作为带动第三产业发展和提升的龙头行业的高度来重视。这充分体现了新时期旅游业在延安经济社会转型中所承载的重大使命。要发展延安的旅游业，就要充分利用延安的优势资

---

① 芮明杰. 产业经济学［M］. 上海：上海财经大学出版社，2005：68－78.

源。众所周知，文化是旅游的灵魂，旅游是文化的载体。旅游是文化资源的传承载体，能够将资源优势转化为经济优势；文化则是旅游宣传的重要载体，能够将旅游产品宣传推广出去，并对旅游产品可发挥提升品位和竞争力的核心作用。红色文化资源是延安重要的精神财富，将延安红色文化与旅游产业互为融合发展，不仅有利于弘扬红色文化，也将有利于发挥资源优势形成红色文化产业，有利于推进延安经济社会转型发展。

（四）产业融合推动延安旅游业跨入发展新纪元

陕西省政府及延安市政府推出了一系列措施推动文旅融合发展，取得了良好成效。2011年，陕西省出台的《关于进一步加快旅游产业发展的决定》也指出，要依托资源禀赋，发展优势产业，实现特色产业突破。为了深入挖掘革命旧址历史文化内涵，他们多次邀请专家现场指导景区陈列布展工作，改变展陈程式化的模式，努力使静态景点生动鲜活起来。2012年7月，由陕西省委宣传部、省旅游局共同主办的陕西省推进文化与旅游融合发展座谈会在西安召开。会议提出，为切实推动延安文化旅游发展，推动文化旅游融合，应该做到"六个坚持"：坚持把文化作为旅游发展的核心价值，坚持把文化与旅游融合发展作为转变经济发展方式的重要途径，坚持把挖掘旅游产品的文化科技内涵作为普遍追求，坚持把重点项目带动战略作为推进文化与旅游深度融合的有效抓手，坚持把体制机制创新作为突破口，坚持推动国际交流合作。2012年陕西省红色旅游接待人数达到了7100万人次，收入达到508亿元，同比分别增长26.3%和30.9%。延安全年接待旅游人数2190万人次，增长6.8%，其中：海外旅游人数12.71万人次，增长5.8%。实现旅游综合收入118亿元，增长7.2%，其中：外汇收入975.4万美元，增长7.4%。在国内外旅游发展环境动荡的情况下，延安的旅游业仍保持了较好的增长势头，并初步搭建了延安红色文化旅游产业的基本框架，为未来的旅游产业发展打下了坚实基础。

二、高起点规划，统筹延安产业发展全局

旅游规划是旅游业发展目标和实现方式的整体部署与分步安排，具有指导

和引领的作用。延安在发展旅游业过程中,坚持高起点科学规划,超前谋划,坚持走规划指导下的开发建设路子,有力地促进了旅游业的快速发展。

(一) 出台《关于加快旅游产业发展的意见》,优化发展环境

2009 年,《国务院关于加快发展旅游业的意见》(国发〔2009〕41 号) 出台,旅游业在国民经济中的战略性地位得到确认。在此背景下,全国各地纷纷出台有关加快发展旅游业的意见。旅游业作为延安的重要产业受到延安市委、市政府的高度重视,于 2011 年 11 月出台了延安《关于加快旅游产业发展的意见》。《意见》明确了延安建设成为"中国革命圣地、历史文化名城、优秀旅游城市"的目标、路径、内容和方法。提出"十二五"末,延安接待国内外游客人数突破 3000 万人次,旅游业综合收入达到 200 亿元,旅游业增加值占全市 GDP 的比重提高到 15% 以上。作为延安旅游业发展的纲领性文件,《意见》指出了延安旅游业的发展方向,提出了加快旅游产业发展的几大重点任务。包括整体打造红色文化、黄帝文化、黄河文化、黄土风情文化四大旅游板块;实施旅游项目带动战略,重点开发比较优势明显、对周边资源具有整合功能、对旅游线路具有支撑作用、对区域旅游具有带动效应的特色项目;积极开展 A 级景区创建,力争到 2015 年,全市主要旅游景区全部达到 3A 级以上标准;加快提高旅游接待能力,新建一批星级旅游宾馆,逐步形成以四星级饭店为骨干,三星级饭店为主体,快捷酒店、商务酒店、家庭宾馆等各类饭店为补充的旅游住宿接待体系;完善旅游景区服务配套设施,在重点景区周边、游客集中区域规划建设一批农家乐餐饮集群、特色餐饮街、酒吧街等服务项目;健全游客服务体系,在延安城区、各县区、各旅游景区建设游客服务中心;构建旅游信息网络,积极发展旅游电子商务,建设延安旅游信息数据库,打造旅游信息化平台,开展网上统一查询、预订和结算服务。《意见》还进一步明确旅游重点项目用地、旅游客运、旅游企业税收、旅行社参与政府采购和旅游饭店用水、用电、用气价格等方面的优惠政策;提出要成立旅游产业发展领导小组,协调解决旅游产业发展中的重大问题;要深入开展旅游环境治理整顿工作,进一步规范旅游市场秩序,提升管理和服务水平,提高游客满意度,推动旅游产业健康发展。

为更好地推动延安住宿业的发展,解决长期以来延安住宿餐饮业发展严重

滞后，特别是旅游旺季住房紧张、就餐困难无法满足市场需求的情况，延安还出台了《支持住宿餐饮业发展的若干意见》。《意见》明确提出要尽快编制住宿餐饮业发展规划；支持新建宾馆酒店发展，对新建酒店进行补贴，在建设过程中提供项目融资担保等；引导经济型连锁酒店到延安发展连锁经营；扶持现有四星级酒店良性发展；大力发展旅游餐饮服务区；落实土地优惠政策，降低住宿餐饮企业经营成本，实行税收后返还政策等。系列指导性政策文件的出台，为新时期延安旅游业的发展指明了发展道路，明确了发展方向，对整个旅游产业发展发挥了积极的基础性和先导性作用，有力地推动了延安旅游业的又快又稳发展。

（二）编制《延安市"十二五"旅游发展规划》，统筹产业全局

按照实现延安市旅游产业科学发展、统筹协调发展和跨越式发展的目标，延安市组织相关技术力量，加强调研和分析，就完善产业体系、调整产业布局、打造特色产品和精品线路、提升产业素质、综合发挥产业功能进行认真谋划、全面系统规划，聘请西北大学编制了《延安市"十二五"旅游业专项规划》，该规划与2011年5月30日正式通过了专家评审。《规划》对延安旅游业在"十二五"期间的发展总体思路、发展战略、产品设计、空间组织、市场开发进行了科学安排，进一步强化了红色旅游在延安旅游业中的主导地位。《规划》提出的发展目标是，到2015年延安培育形成6个重点红色旅游景区（延安革命圣地中心区、南泥湾红色旅游区、子长红色旅游区、红都志丹旅游区、吴起红色旅游区、洛川黄龙红色旅游区），配套完善5条红色旅游精品线路（延安—南泥湾—壶口、延安—南泥湾—洛川会议旧址—黄帝陵、延安—民俗安塞—子长陵—延川乾坤湾、延安—红都志丹—吴起镇、壶口—茶坊—杜甫羌村—直罗镇—秦直道），重点打造25个红色旅游经典景区，特别是要打造好宝塔山、延河水、杨家岭、南泥湾、清凉山等景区，实现全市年接待国内外游客超2000万人次，旅游综合收入110亿元的目标。《规划》认为延安旅游业的发展要统筹红色旅游产品与其他旅游产品协调发展，按照"旅游景区创精品"的要求，开发一批适应市场要求和游客心理的精品红色旅游景区，提高延安红色旅游的吸引力，努力把延安打造成为"中国红色旅游第一目的地""中国一流红色旅游城市"。总之，《规划》对于延安积极适应"十二五"时期发展环境和

形势新变化, 妥善应对经济社会发展新挑战, 全面落实建设小康社会新要求, 进一步把延安旅游业做大做强做精, 建设富裕生态和谐新延安, 具有重大意义。在《规划》的指引下, 延安旅游业开始了新的征程。

(三) 制定《延安市红色旅游十年发展纲要》, 推动红色旅游大发展

规划先行是延安旅游工作的基本要求。2010 年, 结合国家二期红色旅游规划的编制, 延安市加强与全国红色旅游工作协调小组办公室 (简称全国红办) 的沟通, 全力争取将枣园、清凉山、鲁艺、南泥湾、市区其他旧址五大景区, 甘泉下寺湾—象鼻子湾红军会师地、富县直罗、延安—安塞—王家湾党中央转战陕北、子长—延川西北革命旧址、吴起—志丹—延安红军长征到达陕北等五条旅游支线, 列入全国红色旅游二期规划。最终, 延安市有 13 个项目纳入国家规划盘子。2011 年, 延安旅游部门又编制完成《延安市红色旅游十年发展纲要》。《纲要》紧紧围绕将延安打造成为 "全国红色旅游首选地" 的目标, 本着 "大旅游、大产业、大市场" 的理念, 按照 "食、住、行、游、购、娱" 旅游六要素统筹发展产业经济, 实现由门票经济向产业经济转变的理念, 提出了新时期延安红色旅游发展的新内容, 以及通过增效益来维持和促进红色旅游向更高的水平和方向发展的思路。《纲要》进一步拓展了红色旅游的载体和内容, 将红色旅游向文化产品和服务业延伸, 形成以红色旅游为龙头, 文化产品和服务同步发展的格局。同时, 在时任延安市副市长张西林的直接推动下, 《纲要》还提出了推动延安红色旅游发展的五个具体措施: 规划牵动、促销拉动、品牌带动、项目拉动、政策驱动。延安市原副市长张西林认为, 延安的人文旅游资源非常丰富, 但要把资源转化为项目和生产力, 需要上面的 "五动" 来配合, 要注重文化与旅游的深度融合。在市委、市政府的直接领导和关心下, 在相关专家的指导下, 近年延安加强了旅游项目文化内涵的挖掘, 策划推出一批特色文化、民族文化的旅游项目, 有力地提升了延安旅游产品的品位。

(四) 重视重点景区、县区旅游规划, 以大项目带动产业发展

第一, 延安在旅游发展过程中非常重视重点景区的规划。近年来, 延安重点做好宝塔山、黄帝陵、壶口瀑布、乾坤湾、"延安保卫战" 景区、南泥湾等

景区的旅游开发建设规划，各重点旅游县区、重点景区明显加快了规划编制工作的步伐。为更好地实现延安市旅游总体规划和各区县规划的衔接，延安市旅游管理部门还指导和帮助富县、子长、延长、黄陵、宜川等县完成了县域旅游发展总体规划编制工作。从延安的工作经验看，以旅游总体规划为依据，做好各重点景区和县区的规划，坚持高起点、高标准，规划一步到位，建设分步实施，绝不能零打碎敲、劳民伤财，可从根本上避免旅游项目建设的盲目性和低水平重复建设。同时，这也能较好地满足招商引资的客观要求。在项目策划方面，延安按照城乡统筹工作要求，在有关县区和部门的配合下，策划、推出了万花山"整沟开发"、凤凰山城市公园、延安自驾车营地、安塞黄土风情文化园区、洛川黄土地质地貌观光和黄土风情文化综合开发、延川黄河文化开发等一批带动能力强、适应城镇化发展需求的大项目。这些项目都经过相关专家团队和各级相关部门的多方论证，大部分已进入实施阶段。这些项目完成后，对改变延安旅游产品结构，转变增长方式，提高基础设施配套水平，拉动延安旅游经济持续增长都将起到有力的推动作用。

第二，延安市还制定了旅游规划和项目建设奖励扶持政策，对旅游规划和项目建设搞得好的县区、景区进行规划费补助和项目建设资金补助等方面的奖励和支持。采取激励机制，对规划做得好的县区，奖励30万元。目前，《甘泉县旅游发展总体规划》已通过评审，《富县旅游总体规划及景区修建性规划》已进入评审准备阶段，《洛川相思川森林公园规划》《西沟湿地城市休闲区规划》等6个旅游项目建设规划正在编制。近年来，各级政府累计投资1000多万元用于规划编制，洛川、延川、黄龙、富县、志丹等县完成旅游总体规划编制。富县秦直道文物考古被评为"2010中国考古十个重大发现"，项目的控制性规划已通过评审。延安还积极邀请北京、上海、大连和西安等国内一流策划团队，高起点编制景区整体规划，最大限度地吸引和留住游客，进而增加旅游综合收入。2012年，延安市政府还邀请中国旅游研究院编制完成了《延川县旅游总体规划》。

第三，延安市旅游部门还配合城建规划部门编制了《"做美延安"城市规划建设总体方案》，并相继完成了《延川黄河乾坤湾旅游景区修建性详细规划》《黄陵桥山森林公园旅游发展总体规划》《黄陵桥山森林公园修建性详细规划》《黄陵县西线旅游发展总体规划》《延安市红色旅游服务业综合改革试点实施方案》《延长县旅游业发展总体规划》，配合陕西省旅游局和兄弟单位完成了

《陕西省沿黄河旅游发展总体规划》《陕西省旅游镇旅游发展总体规划》《兰州—会宁—六盘山—庆阳—华池—延安—西安红色旅游线路专项规划（2011—2020）》等规划的编制工作。实践表明，旅游规划编制工作的顺利开展和有序实施，为延安市旅游大发展提供了坚实的保障。

三、大项目拉动，形成延安旅游发展新引擎

2011年，延安市第四次党代会将延安的城市定位为"中国革命圣地、历史文化名城、优秀旅游城市"，并提出了"中疏外扩，上山建城；文化引领，旅游带动"的战略。会议决定相关部门要统一思想，提高认识，切实加快红色革命旧址十大景区的规划和建设，打造国内一流的红色文化旅游区，努力把旅游业培育成为延安市的重要支柱产业和新的经济增长点。会后，延安市启动了系列与旅游相关的大项目建设，这些大项目将成为未来延安旅游发展的新引擎。

（一）倾力打造红色旅游重点景区

近年来，延安市投资新建或扩建了一大批红色景区，极大地充实、丰富了延安红色旅游的内涵。投资5.7亿多元于2010年8月竣工开放的爱国主义教育基地"一号工程"延安革命纪念馆新馆被评为新中国成立60年来"百项经典建设工程"之一；先后投资5000多万元新建的抗大纪念馆、新闻纪念馆、南泥湾大生产运动广场和瓦窑堡、保安、吴起等革命旧址陈列展室陆续与游人见面；中组部、民族学院、西北局等10处革命旧址维修改造完成；由总参三局投资200多万元修复的军委二局旧址景区建成开放；2010年10月18日志丹县政府投资5000多万元开发建成的九吾山景区正式对游客开放；原陕甘宁边区劳动模范吴满有后人吴凌云投资100万元开发的毛岸英拜师务农景区生动再现了毛岸英生前劳动、学习的场景，伟人后代的艰苦朴素精神为红色旅游增添了新的内涵。

红色革命旧址十大景区规划建设是正在进行的延安重点景区建设中的大手笔工程。建设项目包括枣园、杨家岭、王家坪、宝塔山、清凉山、凤凰山、南

泥湾、抗小遗址、桥沟鲁艺旧址、西北局旧址景区，总规划面积 20.79 平方公里，估算总投资 50.9 亿元。2011 年下半年，延安市已委托中国建筑西北设计研究院有限公司、长安大学城市规划设计研究院、陕西省城乡规划设计研究院等单位对十大景区建设项目进行规划设计，目前大多数景区规划均已完成，余下景区规划也已进入评审阶段。根据延安市委、市政府的要求，十大景区建设要本着尊重历史、修旧如旧的原则，保持原有历史风貌，凸显景区特色，努力使红色景区更加神圣、更加庄严肃穆。要充分挖掘历史文化内涵，彰显红色文化元素，切实增强景区的感染力和吸引力。要下大力气整顿景区周边环境，坚持多拆少建，坚决搬迁影响景区整体风貌的周边建筑、民居和市场，全面提高景点的品位和档次，努力向全国人民展示一个心目中想象的延安、神圣的延安。延安红色革命旧址十大景区的建设将掀起延安旅游项目建设的新高潮。

在红色革命旧址十大景区中"陕北的好江南——南泥湾"风景区开发项目已经于 2010 年 10 月 26 日隆重启动。被誉为"陕北好江南"的南泥湾是原 359 旅旅长王震率领部队开展著名的大生产运动之地，是中国农垦事业的发祥地。"自力更生、艰苦奋斗"的南泥湾精神也是延安精神的重要组成部分。该项目计划总投资 100 亿元的南泥湾景区项目，项目景区建成后将成为集革命传统教育、绿色生态、农业观光等于一体的综合性景区。这一景区也将成为延安红色旅游的新亮点。除"陕北好江南——南泥湾"项目外，"全国人民的后花园——万花山"、抗小遗址公园、宜川县黄河壶口瀑布景区、黄河主题公园、黄土风情文化园、南门坡演艺广场等市重点旅游项目也在加快推进中。

（二）百亿元建设"圣地河谷"旅游消费商业综合体

2012 年 4 月，延安市政府、陕西旅游集团延安"圣地河谷"文化旅游中心区项目签约。延安"圣地河谷"文化旅游中心区以 10 平方公里、13 个项目，投资 100 亿元，打造"延安北大门、城市新客厅、旅游新天地"。根据规划，圣地河谷园区规划范围为南至四八烈士陵园，北至安塞县沿河湾镇马家沟村，东、西至两侧山脊线以内约 14 平方公里（包括宝塔区河庄坪镇 10 村，安塞县沿河湾镇 1 村）。在空间形态上形成"双核双轴三组团五大板块"的基本格局。"双核"是指旅游集散核心、城市服务核心；"双轴"是指交通功能轴（206 省道及改线）、延河景观轴（滨水景观体系）；"三组团"是指红色旅游组团（游客集散、休闲娱乐、旅游服务功能)、中心服务组团(生活居住、商业服务、休闲养生功能)、生态居住组团(高端生态文化居住功能);"五大板块"是指摇篮河谷(保育院革命遗址展示示范区、爱国主义教育基地)、金延安(反映老延安生活,彰显现代人文精神,传承延安历史文化)、儿童长征主题体验园(长征文化传播地、青少年成长教育基地)、陕北风情园(浓缩陕北民风民俗,传承陕北民俗文化)、都市文化生活区(城市居住生活区)。

该项目由陕西旅游集团投资运营,将在政府城市发展战略主导下,采取市场化运作模式、依托延安红色文化内涵,将延安打造成一个充满革命史诗,精神教育和灵魂洗涤的红色旅游领先城市。最终,圣地河谷项目将延安打造成为多产业集聚、大型休闲消费商业综合体的中心文化旅游区,营造出"夜延安"与"延安夜"的城市氛围。项目的建成将缓解当前及未来延安游客休闲娱乐生活严重供给不足的局面。

(三)精心打造大型演艺节目及大型节庆活动

延安在旅游业发展过程中非常重视大型节庆活动和演艺项目的打造。延安文化精品创作硕果累累,共创作大戏、小戏 90 余部,歌曲 300 余首,舞蹈和曲艺节目 280 多个,推出了《舞动延安》《延安颂》《延河湾》《兰花花》《山丹丹》等一批精品文化剧目。目前,延安又推出了大型红色历史歌舞剧《延安保育院》。在节庆活动方面,"延安过大年""延安红色旅游季"等活动开展得如火如荼,收效良好。

演艺项目方面,以《延安保育院》为例,这些演艺项目不仅丰富了游客在延安期间的旅游生活,还使游客深受革命传统教育,深受好评。2011 年,在建党 90 周年之际,大型红色历史歌舞剧《延安保育院》在延安首演。这部以1938 年成立的陕甘宁边区儿童保育院为背景,讲述边区干部、革命烈士遗孤和保育院"妈妈"之间感人至深的故事,一经上演便备受关注,一个重要因素是"本土化演出"。《延安保育院》由陕旅集团投资建设,是延安红色旅游发展过程中文化与旅游结合的精品大作。该剧的成功告诉我们,只有文化与旅游融合,才能够催生文化旅游产业新业态,激发文化旅游产品新活力,提升区域文化旅游竞争力。《延安保育院》已然成为一部党史教育的鲜活教材。作为第一部真实反映革命战争时期延安保育院历史缩影的舞台作品,《延安保育院》以大量珍贵的第一手资料为依据，呈现了时代进程中的延安保育院所承载的延安精神的伟大力量和现实意义。

在大型节庆活动策划方面，"延安过大年"春节文化旅游活动可谓其中的典型。它充分展现了延安在以大型节庆活动推动旅游形象建设、旅游品质提升方面的实力。"延安过大年"春节文化旅游活动一般从头一年腊月十五至第二年正月十五，历时1个月。活动囊括专业艺术团体送戏下乡演出，延安电视台春节文艺晚会，延安文化艺术中心广场戏曲公演、电影放映机构深入街道社区、农村基层电影公映，民俗文化展销体验园红火延安过大年，舞动延安正月十五秧歌会演等系列活动。截至2013年，"延安过大年"已经举办30个年头。2013年，延安市在传承传统文化和往年成功做法的基础上，力求在活动方式、活动内容上创新提高，使"延安过大年"活动与旅游业、文化产业相融合，提升品牌内涵，使"延安过大年"品牌成为在全国具有广泛影响力的重大节庆文化活动。民俗文化展销体验园成为2013年系列活动的一大亮点，形式新颖、内容丰富。此外，体验园中还将搭建民歌舞台、说书小天地，邀请本土明星出演陕北说书、民歌、秧歌。同时，园中举办灯谜会、转九曲等民俗活动，增强游客和群众的参与性、互动性，实现旅游业、文化产业的有机融合，从而提升"延安过大年"品牌内涵，让延安市人民和广大来延游客度过一个喜庆、祥和的新春佳节。

（四）启动"中疏外扩、上山建城"城市建设大工程

2011年12月召开的延安市第四次党代会上，经过反复考察、调研、论证，延安市决定实施"中疏外扩、上山建城"的城市新战略，占地70多平方公里的四个城市新区将在城市周边的丘陵地带铺排。到2021年建党100周年的时候，一个历史与现代相辉映、城市格局完备、管理先进的新延安，将在全党和全国人民面前呈现。一个大规模的城市建设工程就此在革命老区展开。

"中疏外扩、上山建城"城市发展战略工程不仅是延安城市建设的大工程，而且也是延安统筹城乡发展的大工程。延安将从政策支持和激励机制入手，在土地、融资、户籍等方面积极探索和创新，为城乡统筹发展"开路护航"。根据延安市正式确立的"中国革命圣地、历史文化名城、优秀旅游城市"的城市定位和"中疏外扩、上山建城"的城市发展战略，延安将组团式开发建设城市

新区, 疏解老城密度, 保护革命旧址, 挖掘文化内涵, 彰显城市特色, 大力发展红色旅游产业, 形成"一心三轴多组团"的城市结构形态。新区规划分为三大片区, 控制面积78.5平方公里, 承载人口40万以上。其中北区位于清凉山以北, 规划控制面积约38平方公里; 南区位于宝塔山东南, 规划控制面积32.3平方公里; 凤凰山组团位于凤凰山以西, 规划控制面积8.2平方公里。按照规划, 延安将通过"中疏外扩""上山建城", 在10年时间里将一个历史与现代辉映、城市格局完备、管理先进的新城区展现在世人面前, 并将吸纳30多万农村人口进城居住。

(五) 大规模开展旅游环境大整治工程

自2007年以来, 延安开展了大规模的旅游环境大整理工程。通过"三山两河"旅游项目集中整治工程, 延河、南川河两岸绿树成荫, 夜景迷人, 为延安平添了不少魅力。分列在延安城区两边的凤凰山、清凉山通过近年来的绿化和美化更加苍翠, 已经成为城市居民休闲、健身的山地公园, 高质量修建的上山步道、环山车道使得这两大革命旧址景区档次得到大幅提升。2007年以来, 市政府先后投资5000多万元对宝塔山景区实施了景区综合治理工程, 搬迁景区内100多户居民, 完成了上山道路拓宽和摘星楼维修恢复, 使宝塔山这一延安的标志性景观更加亮丽夺目。2011年, 延安市又引资近2亿元, 启动了凤凰山旅游商品一条街项目, 为提升旅游六要素的配套建设迈上了新台阶。

为了更好地满足游客日益增长的旅游需求, 延安在完善城市旅游基础设施方面做了大量工作。例如, 在2012年, 完成延安市三大出入口规划, 包括大型游客中心、城市雕塑和小品建设方案的设计。延安市区南北高速和机场沿线三个出入口的游客服务中心及游客购物中心项目规划, 已委托市规划设计院进行编制, 目前规划方案已完成, 并已确定选址。同时, 延安还对公交站牌、出租车停靠点、报亭等重新进行规划和设计; 对城市公厕进行了科学测量和合理布局。2012年上半年, 延安还对31座新建、改建公厕进行了选址和改造, 对市区内港湾停靠站、出租车停靠点进行改造整治。这些旅游基础工程的完善, 为提升延安旅游服务品质, 游客满意度的提升形成直接影响, 有力地改善了延安旅游形象。

四、大营销撬动，提升延安旅游整体形象

随着旅游业的发展，旅游市场竞争日趋激烈，旅游营销在旅游业发展中的地位越来越突出。近年来，延安特别重视对红色旅游的营销，通过颁布旅游营销奖励办法、创新营销手段、找准目标市场等多种方式开展了各种营销活动，大力推动了延安旅游产业的发展。

（一）推进旅游营销工作转型，树立"酒香也怕巷子深"的观念

改革开放以来，延安的旅游业得到了较大发展，但因存在观念陈旧、投入不足、品种单一、宣传不力、人才匮乏等问题，制约了旅游业的进一步发展。因此，要在转变观念的基础上，充分利用现有旅游资源优势，挖掘潜在旅游资源，加大资金投入和营销宣传力度，积极开发特色旅游产品，增加旅游产品的文化吸引力[①]。要加大宣传营销力度，形成政府主导，旅行社、宾馆饭店、景区景点等旅游企业同步跟进、强势持续促销的新态势。要有效整合延安旅游整体形象宣传和景区景点宣传，形成点、线、面相互支撑、相互促进的新局面，以"面"感染人，以"点"吸引人。近五年来，延安进一步转变观念，牢固树立"大延安，大旅游"思想，完善宣传营销体系，直接促进了红色旅游的全面发展。

（二）颁布《延安市旅游营销奖励办法》，以制度推进旅游市场营销

为了加快实施"红色旅游兴业"战略，有效提升各旅游景区、景点及旅游饭店服务质量，调动广大旅行社开拓海内外客源市场的积极性，切实做大做强延安以红色旅游为龙头的旅游产业，2009 年延安便制定了《延安市旅游营销奖励办法》。对组织旅游包机、专列、大巴车队、境外游客等形式到延安旅游

---

① 潘新华，刘平安．延安旅游业的发展途径［J］．改革与战略，2005（2）.

的组团社和延安本市地接社及全市范围内的景区、景点,酒店实施奖励,并由延安市旅游行政主管部门负责全市旅游营销奖励工作。自奖励办法颁布以来,延安旅游市场拓展加快了步伐。包括奖励办法在内的一系列举措的实施使得2010 年延安全年接待海内外游客 1450.8 万人次,创旅游综合收入 76.51 亿元,分别较 2009 年增长 41.6% 和 42.2%,其中接待海外游客 8.54 万人次,创外汇 658.9 万美元,分别较 2009 年增长 68.3% 和 80.82%。

(三) 找准目标客源市场,实施差别化、针对性营销策略

近年来,延安在旅游宣传促销方面做了大量工作,着眼客源市场的拓展,在旅游宣传促销上下功夫、见实效。特别是连续两年在中央电视台做了旅游宣传,提升了延安旅游的知名度,取得了很好的成效。为扩大近期建成的重点旅游项目的市场影响力,形成新的旅游经济增长点,延安通过实施差别化、针对性营销策略,以各种宣传方式强化促销力度。既包括政府部门主导的宣传,也包括各旅游企业的市场营销。具体包括,一是在巩固传统市场的基础上,继续面向长三角、珠三角,结合西安世园会、国内旅游交易会,积极宣传延安市的特色旅游资源和民俗风情,有针对性地开辟新兴市场;二是做好相应的旅游市场、线路和企业衔接,尤其是要突出旅游产品的差异性特征,加强与周边重点城市的旅游协作,推动周边客源的稳定增长;三是要继续搞好旅游宣传品的制作和旅游信息的收集整理,加强旅游网络宣传平台建设。

(四) 精心培育"民族圣地·红色延安"品牌,强化延安旅游整体形象

旅游品牌是旅游经营者凭借其产品及服务确立的代表其作品及服务的形象的名称、标记或符号或它们的相互组合。旅游品牌体现着旅游产品的个性及消费者对此的高度认同。多年以来,延安的旅游形象主要停留在红色旅游上,事实上近年来随着黄帝陵的开发及炎黄子孙祭祖盛会的连续开展,延安的旅游形象面临重新整合的问题。因此,延安提出了"民族圣地·红色延安"的口号,并以此为龙头,着力整合"红色"(革命文化)、"古色"(古代文化遗址)、"绿色"(自然生态景观)、"黄色"(黄土风情文化)等旅游资源。整合过程中延安十分注重对各类不同类型旅游资源特色的挖掘,以打造"民族圣地·红色

延安"旅游品牌为引领，主次分明，以"红色"为龙头，以"古色"为纽带，以"黄色"为底色，以"绿色"为衬托，使红色旅游与其他旅游互为补充、互为促进，形成了集红色旅游教育、黄土风情展示、生态观光示范、休闲度假于一体的旅游产品体系，满足了不同消费群体的需求。坚持高起点引领、整体景区打造、市场化运作和板块式推进原则，开拓形成了全球炎黄子孙朝圣地、全国红色旅游首选地、黄河自然遗产观光地、黄土文化体验地的延安旅游品牌。积极举办"中国延安红色文化旅游季""公祭民祭黄帝陵""延安过大年""洛川苹果节""壶口旅游节""延川红枣节""安塞文化艺术节""万花山牡丹节"，做大做强延安各类文化旅游资源，也使延安旅游的新形象深入人心。

（五）依托"中国延安红色文化旅游季"开展节庆营销，扩大市场影响力

2012年6月18日，中国延安首届红色文化旅游季启动，以后将每年举办一届，旨在持续升温红色旅游，使其在传承文化、凝魂聚力、发展经济、造福百姓方面发挥综合带动效应。节庆期间，结合延安文艺座谈会讲话、大生产运动70周年等重要节点，有针对性地策划推出了"全国人民最喜爱的十首红歌评选""全国鼓王大赛""百名旅游局长走进延安""万名知青回延安"等吸引力强、影响力大的系列活动，丰富延安红色文化旅游季内容，努力打造品牌节会。同时，要充分利用各级各类平台，深度促销旅游。包括举办"歌唱延安"优秀原创歌曲征集评选活动、"安塞黄土风情文化艺术节"、"大美延安"国际摄影邀请赛、首届壶口瀑布旅游节，利用暑期开展全国青少年"延安精神"主题教育活动；在2012年8月后分别举办乒超延安邀请赛和NBA、CBA延安邀请赛，在2012年9月举办中国延安旅游商品纪念品设计大赛暨展销活动，在2012年10月举办洛川国际苹果节等。"延安红色文化旅游季"开展的丰富多彩的活动，吸引了广大海内外游客来延安旅游，有效扩大了延安的旅游市场影响力，对延安旅游发展形成了良好的促进作用。

（六）创新营销方式，扩大旅游宣传促销效果

延安在开展旅游营销时着力于创新营销方式，取得了良好的效果，有一些好经验值得借鉴。一是开展好"七大节会"。注重抓节点，进一步加大对旅游

节庆资源的扶持、宣传和市场培育力度，整合推出与举办好"延安过大年""延安万花山牡丹节""公祭民祭黄帝陵""壶口旅游节""中国洛川国际苹果节""延川红枣文化节""安塞黄土风情文化艺术节"七大旅游节会活动，打造新品牌，再造新卖点。二是做好国际旅游市场开发工作。加大开拓海外客源市场力度，快速提升延安在国际旅游市场上的知名度，增加来延境外游客的数量和人次。三是借"会"宣传。积极参加国家、省、市组织举办的各级各类旅游交易会、推介会、说明会。四是积极实施"走出去"策略。在北京首都机场、陕西咸阳机场开展旅游主题宣传；组团参加"北京延安文化周"活动；统一组织延安旅游宣传促销团经常外出宣传，对周边省市和长三角、珠三角、京津唐地区和国外市场进行叠加宣传，形成规模化宣传攻势；特别是组织旅游宣传促销团深入上海市的厂矿、学校、广场对市民进行面对面推介，推动延安旅游客源大幅增长。五是"请进来"考察。有针对性、有重点地邀请境内外有实力的旅行商、有影响力的媒体来延安实地踩线、采风，并做好接待工作，使他们帮助我们进行宣传推广和招徕游客。六是加强媒体和网络宣传。鼓励局机关和旅游系统广大干部职工撰写宣传文章，经常能在各级各类媒体上看到延安旅游的报道和消息。七是组织开展好延安旅游形象大使选拔工作，为宣传和推广延安旅游储备人才，增加生机和活力。八是注重日常宣传。增强宣传意识，通过在名片背面做宣传广告、注重在接待工作中搞好旅游宣传等，使延安旅游宣传无处不在。九是充分利用新媒体营销。围绕中国延安首届红色文化旅游季活动，在腾讯网进行了广告宣传，开通了"红色文化旅游季"手机彩铃。十是联合营销。与韶山、井冈山、石家庄、遵义、湘潭、瑞金、庆阳、赤水等10个城市签署了《红色旅游城市联盟延安战略合作宣言》。

五、大产业融合，促进延安旅游业要素提档升级

延安是中国红色旅游景点最多、内涵最丰富、知名度最高的红色旅游资源富集区。延安市境内现有革命旧址351处，珍藏文物3万多件，其中市区130处168个点，红色旅游资源数量占陕西省红色资源总量的72%，是全国保存最完整、面积最大的革命遗址群，是全国爱国主义、革命传统、延安精神三大教

育基地。因此，要提升延安旅游产业素质就要从提升产业要素的文化内涵开始着手。

（一）强化延安记忆，推动景区文化与地方文化融合

文化是旅游的灵魂，旅游是文化的载体。在旅游文化建设上，既不能随意拼凑，更不能生搬硬套，必须因地制宜、就地取材，体现地方特色。延安在景区红色文化和地方文化融合方面积累了大量的经验。例如，在枣园旅游主干线的文化建设上，主要做了以下几个方面的工作：一是通过市场运行的方式，依托枣园路中段的延安大剧院，定期上演具有延安乡土特色的大剧目；将枣园镇中心文化站更名"红都小剧院"，在旅游旺季每天上演《兄妹开荒》《夫妻识字》《白毛女》等革命传统小品、小戏，让游客回味难忘的"延安记忆"。二是挖掘整理陕甘宁边区时期"枣园秧歌队"表演形式和内容，重新组建"枣园秧歌队"，每逢传统节日，在枣园文化广场表演，让游客感受革命战争年代延安人民积极向上的精神风貌。三是吸纳一批当地的说书、民歌、道情、眉胡艺人，组建"边区家庭小戏园"，在枣园路沿线的宾馆、饭店、旅游商品市场现场表演助兴，向游客展示延安古老的艺术表现形式，感受黄土地异彩纷呈、博大精深的文化积淀。四是围绕毛泽东等老一辈领导人在枣园战斗、生活、决策的重大历史事件，向社会征集史料、实物、文献、手稿等文物遗存，采用现代声光电表现形式，演绎这里曾经发生的故事，使游客走进历史，接受教育，了解真相。

（二）完善产业体系，形成"6+6"的融合发展大格局

旅游业与其他产业融合发展是产业发展到一定阶段的必然结果。充分利用旅游业的高关联度和强融合性特征，深入挖掘延安经济社会产业体系完备的综合支撑优势，推进区域内各产业融合，逐步实现延安大工业、大农业、大商贸、大文化、大旅游的多产业联动，尤其是与文化、农业、民俗体育、商贸、物流、教育六大产业的深度融合，完善旅游产业体系，形成"6+6"的大产业融合发展新格局是延安旅游业目前及未来一段时间发展的主导方向。

在延安旅游业"6+6"的产业融合发展格局中，旅游业与文化、农业产业

的融合可以说是其中最为突出的两个领域。这其中，旅游业和农业融合最突出的形式是乡村旅游。延安市是乡村旅游起步早、发展快、成效比较明显的城市之一，也是陕西省第一个制定出台《农家乐星级划分及评定管理办法》、对农家乐进行星级管理的城市。截至 2010 年年底，延安市从事乡村旅游的专业村达到 60 个，乡村旅游业经营户有 2400 余户。2011 年年初，延安市进行了首批星级农家乐授牌仪式，共计 83 家四星级和三星级的乡村旅游经营户。目前，延安的乡村旅游也正处于转型升级过程中，除了吃农家饭、住农家院，陕北特色的民间艺术形式和乡土风情也在乡村旅游中越来越受游客的青睐，乡村旅游产品正在从观光型向综合型方向转变，从以餐饮住宿收入为主向以旅游综合收入为主转变。乡村旅游的发展对延安扩大就业、解决社会问题，提高游客和农民自身素质等都提供了机遇和平台。

（三）主打文创项目，力促旅游与文化产业深度融合

延安在推进文化与旅游融合过程中，大力支持文艺创作，开发培育、策划创作了一批具有鲜明时代特征和浓郁地方特色的文化精品，抓紧策动一批重大项目。包括：一是切实抓好重大文化旅游项目规划建设，如一号工程、壶口瀑布、乾坤湾、南泥湾、安塞黄土风情文化产业园、宜川黄河文化产业园、黄帝文化产业园区、长城和秦直道遗址保护维修、宝塔山滑坡治理等重大项目按照投资计划和年度建设计划抓好工程建设。二是推出一批有较强影响力的领军人物，努力把安塞腰鼓、陕北剪纸、农民画、信天游等打造成知名品牌。三是挖掘、整理民间文化，加强文物和非物质文化遗产保护。同时，加强历史文化研究，挖掘历史人文典故，充分运用幻影成像、场景还原、半景画、雕塑小品等情景再现和生动鲜活的展示手段，多元化、全角度、深层次地展示延安文化特色。四是完善和提升《延安保卫战》《舞动延安》《延安保育院》《信天游》等品牌演出，保持常态化，丰富文化旅游内容，加快延安文化旅游产业发展。五是聘请国内一流专业团队，策划包装、设计推出一批精品旅游项目和有文化内涵、地域特色的旅游商品，吸引社会资本参与开发建设。

延安在推进文旅融合发展过程中非常重视体制机制的推动作用。制定了《延安市市直文化体制改革总体方案》，出台了《关于市直经营性文化事业单位转企改制的有关规定》配套政策，通过不断创新文化管理机制，按期完成了各

级文化事业单位的改制任务，有效整合了文化资源，极大地激发了文化企事业单位的活力和生产力。通过机制改革，大力支持文艺创作，延安开发培育、策划创作一批具有鲜明时代特征和浓郁地方特色的文化精品，推出一批有较强影响力的领军人物。同时，通过挖掘、整理民间文化，加强文物和非物质文化遗产保护，努力把安塞腰鼓、陕北剪纸、农民画、信天游等打造成知名品牌。目前，延安文化精品创作硕果累累，共创作大戏、小戏90余部，歌曲300余首，舞蹈和曲艺节目280多个，推出了《舞动延安》《延安颂》《延河湾》《兰花花》《山丹丹》等一批精品文化剧目。延安文化产业发展势头良好，成立了延安文化产业投资有限公司，策划论证了五大文化产业项目，涌现出文化艺术品生产、经营、服务单位上千家。2011年，延安市文化产业增加值达到9.7亿元，同比增长21%，实现了文化与旅游产业大跨步共同前进的好态势。

（四）突出城市特色，构建景城一体的多元融合局面

景城一体，景在城中，城在景中，是延安近年来城市建设的一个重要方向，也是景城融合发展的重要体现。同时，延安在城市建设过程中还特别注重文化氛围的营造。在城市公园、广场、机场、车站、高速路出入口等地方精心打造一批具有特色的雕塑、小品，注重把文化元素渗透到城市的各个方面，让游客走进延安就能感受到"红色革命圣地、黄土风情文化"的浓厚氛围。在实施城市绿化、美化、亮化工程中，注重突出和体现地域文化特色，努力建设游客心中想象的延安、神圣的延安。比如，在新修的凤凰广场，延安规划建设大型长征主题雕塑，镌刻胜利到达陕北的每位红军战士名字，让游客在休闲游玩的同时，了解和感悟这段革命历史。在西北川公园集中体现陕北民歌、剪纸等黄土风情文化内容，并举办游客学习打腰鼓、扭秧歌等活动。同时，投资1570万元，在宝塔山等重点景区新建了14所三星级以上旅游厕所，使延安重点景区的基础设施配套水平有了新的提升，方便市民和游客到景区游玩。

第六章

延安红色旅游的未来

新时期在红色精神、延安精神的鼓舞、带动下，延安上下继续发挥自力更生、艰苦奋斗的创业精神，推动延安从一个传奇走向另一个传奇。延安红色旅游跳出红色发展红色，以旅游发展推动城市建设，并反向通过城市旅游目的地的打造，整体带动红色旅游的发展，走出了一条独特的延安红色旅游发展道路，对我国红色旅游的发展也有一定的借鉴意义。展望未来，延安要继续开拓创新，不断将红色旅游推向更高的层面。

一、延安红色旅游发展道路的经验启示

（一）政府重视，全社会行动，提升游客满意度

旅游业发展绝不仅是旅游部门的事，也关系到诸多相关部门、行业甚至整个城市的管理与建设，因此，必须通过政府引导，并广泛依靠全社会，依靠全体市民的力量来共同提升游客满意度。延安以旅游环境大整治为切入口，通过动员全社会关心和支持旅游环境大整治，将政府意志成功转化为全民共识和行动，推动红色旅游发展，提升游客满意度，这是新时期延安精神的又一具体体现。

第一，市委、市政府把旅游环境大整治作为延安市年度经济社会发展的中心工作和重大任务来抓。自 2010 年以来，延安市委、市政府把旅游环境大整治纳入延安经济社会发展的重中之重来抓，把全市旅游环境大整治活动列入"一把手"工程，成立了由市长为组长、副市长为副组长、职能部门单位和 13

个县区政府主要领导为成员的延安市旅游环境大整治活动领导小组。活动开展以来，市委、市政府主要领导亲自带队，多次深入大整治工作第一线，检查指导，调研督促，现场办公，解决问题，有力地推动了全市整治工作的开展。延安市委常委会、市政府常务会多次安排对旅游产业发展的相关问题进行专题研究，认为游客满意度调查是对延安旅游业发展的新要求，也是延安旅游业加快发展的新契机，要求全市各有关部门和县区政府一定要正视问题，充分认识开展旅游环境建设的极端重要性和紧迫性，加大工作力度，确保全市旅游环境建设迈上新台阶。时任省委常委、市委书记姚引良多次深入景区景点实地调研，了解情况，分析问题，研究对策，提出要统筹谋划，切实改进延安旅游软硬件方面的不足，提升游客的满意度。市委副书记、市长梁宏贤亲自审阅研究发布几个季度游客满意度调查报告，与旅游一线人员进行座谈，并带领有关部门负责人，以普通游客的身份赴全国旅游产业开发、城市建设的先进地区江西吉安、井冈山进行考察，学习取经，研究影响延安旅游发展的深层次问题，从旅游产业发展的长远着眼，从关键环节着手，从体制机制着力，标本兼治，重塑圣地形象，并对环境整治和旅游产业发展方面的几项重点工作作了安排部署，要求定期抓好跟踪落实。市委、市政府还明确提出，要改变延安游客满意度偏低的被动局面，必须以提升城市旅游产业服务载体功能为目标，定位、规划、建设和管理城市，以理顺体制机制、解决突出问题为抓手，以旅游六要素为突破口强化产业基础，以城市的精细化管理提高游客满意度，以文化底蕴和精神内涵的深度挖掘为生命力增强吸引力，以中国革命圣地、历史文化名城、优秀旅游城市为目标提高知名度和美誉度，真正使延安成为人们心目中的革命圣地。旅游环境整治办公室还根据中国旅游研究院各个季度有关延安的游客满意度调查意见，及时将游客对城市旅游环境的各种负面评价整理、汇总并下发到各相关部门、单位，责令对照各自职责，认真进行检查整改。通过持续推动加快城市基础设施建设，完善旅游要素和服务功能，实施城市精细化管理，推进精品景区建设，加强旅游市场监督管理，加大文明教育培训力度，强化网络媒体舆论宣传等系列重点工作，改善了延安的人居环境质量，赢得了越来越多的市民和游客好评。

第二，建立了旅游环境大整治常态化的工作机制。延安市委、市政府对旅游环境大整治出台了一系列的管理规章和制度，并将旅游环境整治纳入政府部门年度考核目标任务，建立了督察跟踪机制，严格目标考核奖励，以制度化建设推动旅游环境大整治工作的更加规范和科学化。各部门、县区根据延安市委、市政府的部署和要求，相继出台和完善行业管理新规范、新标准，将旅游环境整治纳入规范管理。在短短两三年时间内，延安建立了旅游环境大整治的长效管理机制，从上至下实现了由集中整治向常态化的管理方式转变。

第三，明确各成员单位重点工作与责任主体。旅游环境大整治是一项长期性的工作，任务艰巨，延安市委、市政府在每年年初均会印发《延安市旅游环境大整治工作方案》和《延安市旅游环境大整治工作任务分解一览表》，明确了开展大整治活动的目的意义、目标任务、责任分工、方法步骤和工作要求等，并将工作任务逐一分解到各个责任部门、单位。在工作上，实行大整治工作考核一票否决制和目标责任单位"一把手"负责制。大整治活动办公室和督察组先后采取问卷调查、抽查暗访、领导访谈、专项督察和强化整改等措施，加大整治落实督察力度，通过组织各类检查、暗访、下发整改通知书、编印大整治活动简报和送阅件、放问卷调查表等形式，市旅游环境大整治办公室按照市政府每月召开的专题会议精神，及时制定下发了《月度整治重点工作任务分解表》，明确各相关单位的整治任务和时限要求，加强跟踪落实。全市各级各部门按照各自工作职责，组织动员干部职工集中精力投入各项整治工作中。此外，还在《延安日报》、延安电视电台开辟了"旅游环境大整治活动"宣传专栏和曝光栏，在全市上下营造了齐抓旅游环境建设的良好氛围，确保整治工作任务落到了实处。

第四，建立了部门合作、县区政府联动、百姓参与的机制。旅游环境大整治涉及政府诸多职能部门，单纯依托职能部门自身难以处理与其他职能部门、区县政府存在交叉职能的事项。为此，延安市委、市政府在印发的《延安市旅游环境大整治工作方案》和《延安市旅游环境大整治工作任务分解一览表》中除了明确旅游环境大整治的责任主体外，还对需要跨部门合作、部门与区县合作的工作进行了明确。此外，还调动了群众参与旅游环境整治的积极性和主动性。对城市环境卫生实行市区联动，全民参与，重点突破，综合治理。将城区环境卫生监管任务划片包干，落实到70多个部门和单位，一包五年不变，与住户和门店签订了"四包两禁止"责任书，城区各路段清扫、保洁工作责任全部落实到人，实现常态化监督管理。市、区两级抽调了2000多名干部组成十多个督察队，从每天早上7：00到晚上10：00进行不间断巡查，聘请100名离退休干部作为义务监督员，对发现的问题督察整改不到位不放过。宝塔区开通了区委书记、区长热线电话，24 小时受理群众关于城乡规划建设和环境整治方面的投诉举报。在旅游环境大整治实践中，各职能部门、区县政府积极开展多方位合作，加强旅游环境大整治联合执法，建立起部门、区县联动机制，广大群众也积极参与其中，互相协调和配合，形成了旅游环境大整治的合力，促进了延安旅游环境的明显改善。

第五，发出倡议书，动员全社会参与环境大整治工作。旅游环境大整治办公室和旅游部门向全体市民发出了《提升软件服务水平，优化延安旅游环境倡议书》，号召全体市民从我做起，从现在做起，人人行动起来，共同努力，维护"民族圣地、红色延安"在中外游客心目中的美好形象。并从社会各界聘请了 30 位热心旅游事业的人员担任全市旅游环境大整治活动的义务监督员，为全市旅游环境大整治工作建言献策、指导监督。"黄金周"期间还从社会上抽调 100 名志愿者开展了延安旅游志愿服务活动，成为城市一道亮丽的风景线。

第六，加大宣传力度，形成了旅游环境大整治的良好社会氛围。召开了声势浩大的旅游环境整治动员大会，在《延安日报》、延安广播电视台等新闻媒体开辟了专栏、专题节目，广泛宣传动员，表扬先进，曝光问题，交流经验，做到家喻户晓，全民参与。举办了万人签名和发放倡议书活动，对违规违章行为进行公开曝光处理，通过多种方式宣传动员，进一步统一了全市干部群众的思想认识，增强了自觉配合旅游环境整治工作的主动性。以"塑造新市民、建设新延安"和"我为延安文明建设增光添彩"为主题，深入开展市民素质教育活动，修订了《延安市创建文明单位标准和管理办法》，印发了《延安市文明市民手册》和《延安市未成年人文明礼仪手册》，开展了文明交通志愿服务、文明乘坐出租车、公交车倡议活动，重点纠正随地吐痰、大小便、乱扔垃圾、横穿马路等不文明行为，加大巡查和处罚力度。一些市民群众不良的生活习惯和不文明行为正在发生转变，文明素质逐步提升。在中小学开设爱护环境卫生专题教育课，促进中小学生从小养成爱护家园、保护环境的良好习惯。

（二）抓旅游环境大整治，提升城乡居民幸福指数

第一，将提高居民整体素质、提升居民幸福感作为旅游环境大整治的宗旨。城市是政治、经济、文化的中心，是物质文明和精神文明高度结合的产物，城市管理水平在一定程度上代表了一个地区的领导水平和干部群众的精神

状态。在旅游环境大整治过程中，延安市委、市政府树立了让人民群众更加满意的旅游环境大整治行动理念，充分认识到旅游环境大整治不仅是提高城市管理水平、提升城市形象的重要举措，而且是加强公共卫生工作、维护人民群众身体健康和生命安全的客观需要，还是实践"三个代表"重要思想、树立和落实以人为本科学发展观，逐步实现"中国梦"的具体体现。城市环境与广大居民的工作和生活息息相关，也与对游客的吸引力紧密相关。随着经济的发展和社会的进步，居民和游客不仅重视一个街区、一个景区的整洁卫生、安全文明，而且十分重视整个城市的整体环境，对生活环境质量、旅游品质的要求也越来越高。延安市委、市政府充分认识到人居环境建设既是全面建设小康社会的重要内容，又是改善人民群众工作和生活条件的现实需要，关系到广大人民群众的现实利益和长远利益。因此，延安市委、市政府从落实以人为本科学发展观的高度，在旅游环境大整治过程中始终贯彻以提高人民群众满意度的行动理念，全面推进城市旅游环境大整治活动向纵深发展。

第二，把提升城乡居民幸福感、建设宜居宜游城市作为旅游环境大整治的根本目标。旅游环境大整治并不局限于旅游环境本身，而是以提升城市建设和管理水平为重点，打造宜居宜游城乡环境，提升城乡居民幸福感为根本目标。通过环境整治，完善城市服务功能，将旅游环境融入城市发展整个格局中，最终实现红色旅游发展全局性的突破。一是以规划整合统领城市发展战略布局。延安市将城市总体规划与旅游发展规划有机统一，完善城市旅游公共服务设施，补齐旅游设施短板。针对延安城市地形特殊、发展空间受限、景区景点与居民区、商业区混杂的状况，延安市委、市政府提出"削山造地、中疏外扩、建设新城"的发展思路，对城市发展战略作出修改。加快城市周边大型沟道和山地开发建设，疏解老城区建设密度，保护好革命旧址，建设好十大精品景区。加快市政设施建设，完善城市功能，延河水景工程、中心街人防工程、凤凰广场一期等一批项目已建成使用。此外，在旅游城市定位的总原则下，编制出台了《"做美延安"专项规划》《延安市"十二五"旅游业发展规划》，《延安红色旅游二期规划》也正在加紧编制之中，通过规划先行，引领城市未来的建设发展。二是以政策引导加强对城市资源的统筹整合。延安市近年出台了多项扶持旅游业发展的政策措施和延安市住宿、餐饮网点布局规划。市委、市政府积极决策，出台了《关于加快旅游产业发展的意见》《关于扶持住宿餐饮业发展的若干意见》，拟在重点景区周边、游客集中区域规划建设一批农家乐餐饮集群、特色餐饮街、酒吧街和可同时容纳 500 人以上的旅游餐饮服务区，对新建星级饭店和改造的宾馆饭店，在土地、资金、审批、规费收取等方面给予优惠，决定三年内规划新建 24 座星级酒店，使接待床位在现有基础上翻一番，形成以中高档饭店为主体，快捷酒店、商务酒店、家庭旅馆为补充的旅游住宿接待体系，切实改变旅游旺季"一房难求"的现状。2013 年"七一"前后，针对市区住房紧张的问题，市委、市政府作出决定，将四大班子和市直各部门召开的各类会议全部安排在县上召开，保证了游客住房需求。三是全方位加强城市管理、打造高品质宜居宜游环境。下放城市规划建设、土地管理、环境卫生管理权限，落实了宝塔区的工作职责，充分调动各方面的工作主动性、积极性。实行市区联动，全民参与，重点突破，综合治理。下大力气治理小广告、乱修乱建等影响市容环境的突出问题。坚持标准化、人性化、精细化管理，用制度约束，用标准规范，全面净化、绿化、美化城市，让城市既适宜人居，又适宜旅游，处处是景点。四是以突出重点、集中整治实现旅游环境的根本改善。根据旅游环境大整治工作的推进程度，延安市委、市政府明确了各年度环境整治的工作重点。2010 年，延安市旅游环境大整治工作重点放在城市环境卫生、城市交通秩序、旅游安全保障、旅游景区环境质量、城市旅游软环境、旅游消费环境六大方面。2011 年，延安市进一步加大整治力度，将年度工作重点放在改善城市卫生环境，整治市区交通秩序，完善标志标识设置，规范旅游行业管理，加强饭店餐馆监管，打击违法违规行为，整肃景区周边环境，清理规范广告牌匾，整合迁建城区市场，提升市民文明素质十大方面。此外，还对重点问题进行重点解决。针对南泥湾景区广场商户长期无证经营、乱摆乱放、乱搭乱建，游客投诉多、环境秩序差等问题，大整治办公室主任赵熙盛主持召开了南泥湾景区广场环境综合治理交办会议，就南泥湾景区广场旅游环境整治问题进行了专题研究，对具体工作进行了交办部署，使多年存在的问题得到迅速解决，受到了广大游客的好评和欢迎。五是以塑造旅游城市文化特色为城市发展的灵魂。在城市公园、广场、机场、车站、高速路出入口等地方精心打造一批具有特色的雕塑、小品，注重把文化元素渗透到城市的各个方面，让游客走进延安就能感受到"红色革命圣地、黄土风情文化"的浓厚氛围。在实施城市绿化、美化、亮化工程中，注重突出和体现地域文化特色，努力建设游客心中想象的延安、神圣的延安。比如，在新修的凤凰广场，规划建设大型长征主题雕塑，镌刻胜利到达陕北的每位红军战士名字，让游客在休闲游玩的同时，了解和感悟这段革命历史。在西北川公园集中体现陕北民歌、剪纸等黄土风情文化内容，并举办游客学习打腰鼓、扭秧歌等活动。

（三）着力推进大项目，提升产业主体核心竞争力

全面启动延安革命旧址群保护工程，首批实施十大革命旧址精品景区建设。按照"大景区、大开发、大治理"的思路，以市区红色旅游为核心，启动十大景区建设改造工程，对宝塔山、清凉山、凤凰山、枣园等城区十大景区逐个进行重新规划，主要是拆迁景区周边的商业和生活区，使周边环境与景区整体风貌相协调，努力打造红色旅游精品景区。以黄帝陵景区为核心，建设黄帝文化旅游区。依托黄河壶口瀑布、乾坤湾，建设黄河文化旅游区。围绕陕北民俗风情、民间艺术、特色饮食文化和自然生态等资源，建设黄土风情文化旅游区。着力推进六大文化产业园区建设和重点文化旅游产业项目建设。重点是黄帝文化产业园、黄河文化产业园、黄土风情文化产业园、凤凰山军事文化产业园、万花山木兰文化产业园和桥儿沟文化创意产业园六大文化园区。积极推进百集陕北风情系列动画片制作项目和"数字红色延安"高科技情景体验项目、陕北民间艺术产业化开发项目、常泰养生科技文化产业园项目、"毛泽东转战陕北"自旅自驾游旅游线路建设项目、延安民俗文化影视城建设项目、中山石窟及安定古城联体开发项目以及《陕北文化之旅》电视系列片制作项目等30个重点文化旅游产业项目，着力打造文化旅游业、文化会展业、文化创意业、广播影视业、新闻出版业、演艺娱乐业、数字动漫业、艺术品加工交易业八大文化产业体系。构筑"一核、两廊、三山、四区、五条线、六园区"立体化、辐射式文化旅游产业格局，努力把延安建设成为全世界炎黄子孙朝圣地、全国红色旅游首选地、陕北黄土风情文化体验地、黄河自然遗产观光地以及资源型城市转型示范地和城乡文化一体化发展示范基地。抓紧建设市区4个出入口的大型游客服务中心，加快街道改造、停车场设置、公厕建设、出租车管理改革、公交车更新等工作，整治城市"硬伤"，弥补缺项和短板，形成不断闪现的延安旅游新亮点、新卖点。

（四）政治逻辑与产业逻辑共生，遵循产业规律发展红色旅游

经过连续七个季度的游客满意度偏低的现实，延安对红色旅游发展有了更

为深刻的认识，即红色旅游公益性和政治性特点决定了其离不开"政治"的关怀；但红色旅游也不同于一般的政治事业，具有一定的市场性，必须遵照旅游产业发展规律和市场规律，结合市场需求、进入市场渠道，获得游客的认同与市场的认可，在实践中实现政治逻辑与产业逻辑的共生，才能永葆红色旅游的生机与活力。延安狠抓旅游环境大整治工作，其本质是让红色旅游回归旅游产业实际，按产业规律，发展红色旅游；而不像过去，只盯"一号工程"，紧守政治主题，不考虑市场，不是旅游的常态化发展。特别是在新的时期与阶段，游客满意是旅游业发展的第一要义，因此延安高度重视游客的满意度水平，切实提高旅游硬件建设水平和软件的服务水平。红色旅游必须要肩负起宣传、教育等社会功能，但一定是要通过红色旅游产业的发展，让游客在参与红色旅游的过程中，自然而然地接受红色精神、红色文化的教育与熏陶。

二、延安红色旅游目的地城市建设的进一步思考

（一）坚持已经达成共识，并成为城市文明公约的公共服务、商业接待、居民友好等基本理念

第一个理念是城市交通系统的建设要方便游客进出和本地出行。城市交通的便利性和有效性是第一位的，既包括城市之间、区域之间的大交通，也包括市内通行的小交通。第二个理念是要有完善的城市基础设施和人性化的公共服务体系。基础设施是硬性的，公共服务是软性的。一个城市除了生产的功能还有生活的功能，生活的功能离不开衣食住行，基础的生活享受满足了后要有高级的公共服务享受。第三个理念是要有完善的商业接待体系。在现代社会，旅游需要完善的商业接待体系来提供相应的服务配套。特别是在国民大众越来越成为消费主体的今天，城市成熟的商业接待体系正在和市民的休闲资源一道，成为吸引力巨大的非传统旅游资源。其中，不仅需要有高端的服务品类，也需要有老百姓愿意并能够消费的服务设施。第四个理念是要引导社区居民友善待客。优秀旅游城市，当地居民对游客是友好的，对游客是欢迎的。当然，任何事物都有正反两面，旅游的发展当然也会带来一些负面的影响。当地居民是否发自内心地欢迎游客的到访，对于建设宜居宜游的红色旅游目的地城市的发展

是非常重要的。

（二）积极推动主客共享的城市发展格局

随着城市与旅游的进一步融合发展，游客对于目的地的需求不再单纯是追求景区景点的参观，居民生活方式、地域文化、服务品质也是重要的旅游吸引物，最能代表城市味道并构成日常生活与旅行重叠的重要部分。延安建设宜居宜游城市，不能只是盯着红色旅游景区去做，这很容易做成乡村旅游，或者做成单纯的景区景点旅游。要围绕市区特别是核心的主城区下大力气建设，优化本地居民的活动空间，让老百姓热爱这座城市，才是建设宜居宜游城市、让更多游客认可这座城市的基础。延安发展城市旅游就是要让游客去体验生活，分享当地老百姓享受的生活，体验城市生活的日常状态。从城市建设和发展来看，城市的生活和公共服务资源既可以服务于当地百姓，也可以服务于当地居民，既能够为当地居民的日常生活服务，也可以满足游客的旅行需求。杭州、成都等城市旅游业的成功经验表明，积极推动主客共享是宜居宜游目的地城市发展的关键。培育市民和游客共享空间符合宜居宜游目的地城市发展的客观规律。因此，延安有必要从休闲空间、生活方式、商业消费、公共服务、城乡统筹等方面进行主客共享。积极发展主客共享的城市发展格局，不仅有助于提高游客的满意度，同时也有助于提升当地居民的满意程度，实现和谐共生、共赢的良性发展格局。

（三）完善旅游发展与城市发展的良性互动机制

旅游发展与城市发展不是相互孤立的，而是互为支撑。延安要进一步完善旅游发展与城市发展的良性互动机制，确立旅游与城市融合发展的中长期战略思路，在政策法规、城市战略发展规划、城市管理和服务创新等方面加快推动旅游与城市的融合发展。要进一步推动各级各部门完善行业管理的标准和规范，建立健全常态化管理的机制和办法，有创新、有突破，实现管理的标准化、常态化、长效化。充分发挥好八个推进工作组的作用，针对全市旅游产业发展、游客满意度提升及当前暴露出的新问题、新情况，加强研究，提出工作任务，下达相关部门、单位，并监督落实，推进深层次整治。完善对各工作组、部门、单位开展旅游环境大整治工作的考核奖惩办法，进一步加大监督检查和通报、曝光力度。通过持续深入开展旅游环境整治，把旅游环境整治作为改善、提升城市环境、发展环境、人居环境的重要推手，巩固旅游环境整治成果，加大推进力度，不断提升游客满意度，实现整治工作经常化、制度化，为游客和市民创造良好环境。

三、延安红色旅游未来发展的重要抓手

延安红色旅游持续发展、推进，内外结合是必然的选择。外部重在提升环境，包括环境综合大整治、市场环境与秩序以及公共服务环境等的提升与规范，是重要的辅助与补充。内部则要强化旅游区自身的建设，是根本、根基。推进延安红色旅游发展，要立足根本，狠抓红色旅游区规划、建设。以中共中央机关和中央军委所在地——凤凰山、杨家岭、枣园、王家坪等为代表的革命旧址 445 处，其中市区 168 处，是全国最大的革命旧址群。延安革命旧址群在全国具有举足轻重的地位，是国家的宝贵财富，更是延安红色旅游保护与合理开发的根本所在。延安革命旧址群的红色旅游开发主要集中在红色革命旧址十大景区，主要是展示抗日战争时期的红色文化，展现"圣地延安"。除此之外，抗日战争后期的红色文化及遗存也是延安红色旅游发展的重要资源，如吴起、延川、延安干部管理学院等，能够充分反映新时期延安的风貌，展现"生态延安"和"幸福延安"。

（一）红色革命旧址十大景区

参照国内其他红色旅游景区（点）的开发经验，结合延安目前旅游景区（点）沿延河分布的特定情况，将原十大景区（点）进行资源整合和功能分割，形成延河旧址公园、枣园旧址景区、鲁艺文化创意园区、延安抗小遗址景区、南泥湾 359 旅农垦旅游区五大景区，着力将其打造成为世界知名的延安延河红色文化旅游带。

1. 延河旧址公园

（1）规划范围

将原十大景区中的宝塔山、清凉山、凤凰山、王家坪、西北局旧址、杨家岭六个景区合而为一，并将延安革命纪念馆、文化广场等延河的革命旧址及自然人文资源列入其中，将宝塔山、清凉山、凤凰山三山合围部分的延河及居民生活区、商业街区，往西至杨家岭桥的延河两岸公共地带纳入旧址公园，形成"Y"形的沿河景观带和开放型旧址公园（图6-1）。

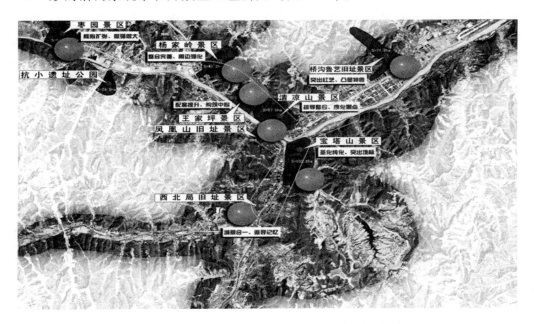

图6-1 延河旧址公园规划范围示意

（2）发展概况

历史沿革 延河旧址公园位于宝塔区境内，宝塔区现在是延安政治、经济、文化中心。辖11镇9乡3个街道办事处，611个行政村。宝塔区在夏商周时期，属于雍州之城。春秋时为白翟部族所居住，战国时先属晋，又属魏，后归秦。在秦汉时期，这里设高奴县，属上郡。三国至魏晋南北朝时，由于各部族之间相互争夺，归属多变，境内又曾先后设置过临真、广武、沃野、丰林等县。隋唐至明清的1300多年间，延安市宝塔区一直都是郡、州、道、府治所驻地，因而很早就成为陕北地区的政治、军事、经济和文化中心。隋大业三年（607年），始在今延安城设延安郡。唐代在此先后设延州和延安郡。北宋时，先后设延州和延安府，这里曾是与西夏百年争战的边境军事要塞。明清时期这里设延安府。到了近现代，延安是中国革命根据地。1937年，中共中央进驻宝塔区，直至1947年3月。新中国成立后，宝塔区成为延安市政府所在地。

2011年宝塔区完成生产总值172.8亿元，按可比价计算比上年增长11.4%。其中第一产业实现增加值10.1亿元，增长7.4%，拉动总体经济增长0.4个百分点，对经济增长的贡献率为7.4%；第二产业实现增加值76.5亿元，增长8.3%，拉动总体经济增长3.8个百分点；第三产业实现增加值86.2亿元，增长14.6%，拉动总体经济增长7.2个百分点，对经济增长的贡献率为54.0%；三次产业结构由上年的5.5∶45.3∶49.2调整为5.8∶44.3∶49.9，人均生产总值为37572元。

资源情况 20世纪上半叶，延安在中华民族历史上写下了辉煌的一页。民族英雄刘志丹、谢子长创立的陕北革命根据地，成为中央红军长途征战的落脚点。1935～1948年，延安是中共中央的所在地，是中国人民解放斗争的总后方，13年间，这里经历了抗日战争、解放战争和整风运动、大生产运动、中共七大等一系列影响和改变中国历史进程的重大事件。特别是毛泽东等老一辈革命家亲手培育的自力更生、艰苦奋斗、实事求是、全心全意为人民服务的延安精神，是中华民族精神宝库中的珍贵财富，已经成为全国人民团结一致进行社会主义现代化建设的重要精神支柱。1982年延安市被国务院命名为历史文化名城。表6-1列举了延河旧址公园及其周边的主要旅游资源。

表6-1　延河旧址公园及其周边的主要旅游资源

主　　类	亚　　类	基本类型	资源单体
A 地文景观	AA 综合自然旅游地	AAA 山丘型旅游地	宝塔山、凤凰山、清凉山
B 水域景观	BA 河段	BAA 观光游憩河段	延河
C 生物景观	CC 花卉地	CCA 草场花卉地	山丹丹花

续表

主　类	亚　类	基本类型	资源单体
E 遗址遗迹	EA 史前人类活动场所	EAB 文化层	凤凰山遗址等
		EAD 原始聚落遗址	圪垯遗址、芦山峁遗址、贾家河遗址
	EB 社会经济文化活动遗址遗迹	EBA 历史事件发生地	日本工农学校旧址、八路军医科大学旧址、杨家湾民办小学旧址
		EBE 交通遗迹	延安秦直道遗址
		EBF 废城与聚落遗迹	延安府城遗址、"延州卫城"故城等
F 建筑与设施	FA 综合人文旅游地	FAA 教学科研实验场所	延安大学
		FAB 康体游乐休闲度假地	延安民俗文化村、杨家岭石窑宾馆
		FAE 文化活动场所	延安革命纪念馆、陕甘宁地区银行纪念馆、新闻出版革命纪念
		FAG 社会与商贸活动场所	延安旅游大厦
		FAZ 历史文化名城	延安历史文化名城
		FCD 石窟	清凉山万佛寺石窟
		FCG 摩崖字画	宝塔山摩崖石刻
	FD 居住地与社区	FDA 传统与乡土建筑	窑洞
		FDD 名人故居与历史纪念建筑	杨家岭革命旧址、王家坪革命旧址、凤凰山麓革命旧址、陕甘宁边区政府礼堂旧址、中国共产党第六届六中全会旧址、新华通讯社旧址（清凉山）、中央党校旧址、中国人民抗日军政大学、中央印刷厂旧址（清凉山）、白求恩国际和平医院旧址、陕甘宁边区参议会旧址、桥儿沟革命旧址、延安南区合作社旧址（柳林）、解放日报社旧址（清凉山）
		FDE 书院	宝塔嘉岭书院
	FE 归葬地	FEA 陵寝陵园	"四八"烈士陵园（清凉山）
	FF 交通建筑	FFA 桥	王家坪大桥、延河大桥

续表

主　　类	亚　　类	基本类型	资源单体
G 旅游商品	GA 地方旅游商品	GAA 菜品饮食	剁荞面、洋芋擦擦、蜜汁南瓜
		GAB 农林畜产品及制品	延安小米、延安苹果、延安荞麦、延安杂豆
		GAD 中草药材及制品	延安中药材
		GAE 传统手工产品与工艺品	延安剪纸、布堆画
H 人文活动	HB 艺术	HBB 文学艺术作品	农民画
	HC 民间习俗	HCA 地方风俗与民间礼仪	婚嫁习俗
		HCC 民间演艺	陕北道情、陕北民歌、陕北（延安）秧歌舞、陕北说书

旅游开发情况　　延河旧址公园位于宝塔区核心区内，文化资源和自然生态资源相当丰富。宝塔区的旅游资源开发可以追溯到 20 世纪 50 年代。1950 年 7 月 1 日成立了延安革命纪念馆，揭开了宝塔区旅游资源开发的序幕，并且逐步整理恢复开发了纪念馆下属的凤凰山、枣园、杨家岭、王家坪、南泥湾 5 个革命旧址建筑群。"九五"以来，宝塔区委、区政府确立了"林牧大区、工商大区、旅游名区、经济富区"的宏伟目标。在"旅游名区"建设方面，制定了"以圣地促旅游，以旅游促开发"的战略思路，大规模地进行了旅游景点和基础设施建设，使旅游业向"市场经营型"逐渐转变。在传统的旅游项目基础上逐步开发生态旅游项目、民俗风情旅游项目和休闲度假旅游项目，并且加强了旅游商品的开发，提高其科技和文化含量。开始强化宣传促销，提高宝塔区的旅游知名度。

目前，宝塔区拥有历史文物保护景点和自然风景点 848 处，有保存较好的古建筑 12 处、革命旧址 8 处、革命纪念地 119 处。延安旧址公园规划范围内，开发比较成熟的主要是延安革命纪念馆及其所属的杨家岭、王家坪等革命旧址建筑群；以及宝塔山、清凉山、凤凰山等其他景区。延河河岸主要的旅游景点如图 6 - 2 所示。2011 年全年全区住宿业收入 0.9 亿元，降低 4.1%；餐饮业 1.2 亿元，增长 6.9%。

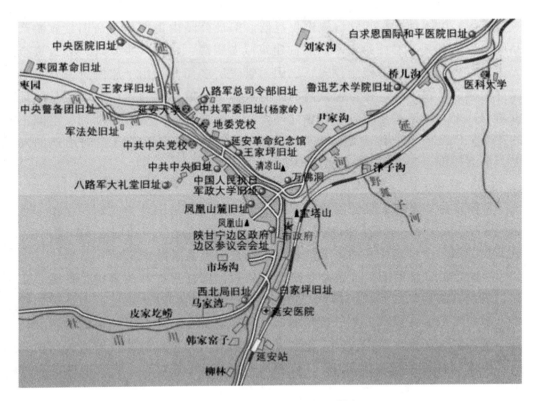

图 6 - 2　延河旧址公园主要景点

存在的问题　延河旧址公园内旅游资源开发中存在的问题主要表现在以下几个方面：

第一，旅游资源开发形式传统，缺乏新意。旧址公园旅游资源以人文类旅游资源为主，特别是革命旧址类居多，在开发中多采用旅游展示方式，缺乏提高旅游者参与性的旅游活动，使游客只能被动地接受。这样在一定程度上缩短了旅游者在景区景点的停留时间，同时也减少了游客的重游率，间接影响了本地旅游收入。

第二，旅游资源开发内涵层次低，忽视其他类型旅游资源。目前的旅游景区景点只是将旅游产品简单罗列，没有组织人力对其文化内涵进行整理挖掘和推广宣传，最终导致旅游者无法获得在旅游产品背后所隐含的当地的文化背景和历史特色，很大程度上降低了景区景点的旅游吸引力。同时，开发过程中忽视对自然景观以及除革命旧址外的人文资源的开发，使游客极容易产生审美疲劳，从而降低游客满意度。

第三，单体且多头开发，规模收益低。旧址公园内主要是革命旧址旅游产品的开发，其他类型旅游资源例如古建筑旅游资源，由于多头管理，导致资金无法及时到位，即使有资金投入，也因为管理层多而导致用于旅游资源开发和保护的部分严重不足，使价值较高的旅游资源面临着生存的压力。即使是旧址资源的开发，由于都是对各单体独立开发，不能形成旅游资源的互利、空间上的互换，以及参观、体验等形式的互补，且造成一些重要景点空间用地的局促，很大程度上限制了延安旅游的发展。

（3）发展定位

目标定位　延河旧址公园是我国第一个以红色革命旧址为主题的城市旧址公园。到 2020 年，将延河旧址公园建设成为国家旧址公园和国家 5A 级景区，成为我国第一个城市中央的、开放性红色革命旧址大景区。

功能定位　延河旧址公园是延安城市建设、旧址保护和改善民生的重点工程，是延安的"城市中央公园"。同时，配合延安城市改造及延河旧址公园建设，将旧址公园建设成为集红色革命旧址观光、游览、体验于一体的红色文化旅游带，积极拓展旅游产业链，使其成为带动延安城市经济社会发展的新增长极，成为延安未来城市发展的生态基础、重要的人文象征、革命圣地的重要支撑。

形象定位　延河旧址公园是延安红色革命旧址的密集区，是延安精神的代表，其形象既要反映延安精神代代相传，又要反映延安在新时期建设的成果。因此，旧址公园景区的形象定位确定为"革命圣地　幸福延安"。

市场定位　延河旧址公园的旅游市场，如果按年龄结构分，可细分为老年人、中年人、青少年三个细分市场。每个细分市场中有不同的消费动机和旅游心理。如果按职业分类，延安红色旅游群体中有学生、军人、国家公务员、企事业单位的干部职工等，也有在延安战斗过的战士亲属及其后代。此外，游客当中还有为研究延安革命斗争史及革命精神的专家学者。他们或由单位组织或个人自发来学习、瞻仰革命胜迹，希望通过追忆和感受先辈在艰苦岁月中的斗争精神和他们建立的不朽功绩，学习革命传统，感悟历史，启迪未来。

（4）规划思路

延河旧址公园的建设采用"景城结合、人文与生态结合、旧址与现代生活结合"的三结合原则进行建设。以文化大策划为先导，以延河旧址公园的建设为带动，以组织大型城市运营商参与开发为主导，以"整体拆迁、整体建设"为保障，以改善区域人民生活水平、提升城市品质为宗旨，努力建设"圣地延安、生态延安、幸福延安"的示范新区，探索红色革命旧址带动城市发展的新模式，开辟红色革命旧址保护和利用的新路径。

延河旧址公园将建设成为未来延安开放性的"城市中央公园"，使旧址区保护成为带动延安科学发展的城市增长极，成为延安未来城市发展的生态基础、最重要的人文象征，并成为圣地延安的重要精神支撑，进一步提升延安城市特色。

（5）建设要点

①空间布局

延河旧址公园建设在空间形态上采用"一带一心两翼三区"的空间布局。

"一带"：宝塔区内以三山交会处的延河段为核心的延河景观带建设。

"一心"：以宝塔山景点建设为中心。

"两翼"：以清凉山—王家坪轴线、凤凰山—西北局旧址轴线及其周边旧址拓展区为两翼。

"三区"：王家坪—革命纪念馆观光游览区、杨家岭伟人生活体验区；延河商贸服务区。

②重点项目

• 延安宝塔周边环境修整（非免费开放）

• 新建宝塔山宝塔广场及红歌舞台

• 宝塔山摘星楼周边环境修整（非免费开放）

• 嘉玲书院（含丰林诗舍）恢复工程

• 日本工农学校修缮工程

• 摩崖石刻景区建设工程

• 宝塔山山体建筑风貌调整及拆迁工程

• 新建凤凰山"重走长征路"拓展体验基地

• 清凉山范公祠扩建工程

• 清凉山新闻出版革命纪念馆与中共新华通讯社、延安新华广播电台、解

放日报社、边区群众报社、中央出版发行部、中央印刷厂、新华书店旧址整合工程

- 清凉山万佛洞景点修缮及扩建工程
- 延安革命纪念馆与王家坪合而为一，建设成为集科研、参观、游艺和旅游于一体的旧址中心
- 原横穿杨家岭景区的公路下地工程
- 延河两岸及延河桥、嘉玲桥美化、量化工程
- 黄蒿洼沟口居民安置工程
- 延河两岸建筑风貌改造工程
- 延河两岸环境改造工程
- 延河两岸延安民俗文化展示及娱乐带（供居民娱乐、表演）
- 延河两岸休闲商业街区建设及商业业态调整工程
- 旧址公园旅游服务中心
- 旧址公园地下及地面停车场建设工程
- 旧址公园解说系统和标识系统。以电子、模型和标牌等方式展示

2. 枣园旧址景区

（1）规划范围

枣园旧址景区规划范围东到延安干部学院西侧围墙，西至延园中学东侧围墙，西北至枣园沟内部立交处，南至西川河，面积0.6平方公里。规划区内部的主要景点有枣园、中央社会部旧址、为人民服务讲话台（张思德纪念碑）。

（2）发展概况

历史沿革 枣园是中共中央书记处所在地。位于延安城西北8公里处，这里原是一家地主的庄园，中共中央进驻延安后，为中央社会部驻地，遂改名为"延园"。1944年至1947年3月，中共中央书记处由杨家岭迁驻此地。中共中央书记处在此居住期间，继续领导全党开展了整风运动和解放区军民开展的大生产运动，筹备了中国共产党"七大"，领导全国军民取得了抗日战争的最后胜利，并领导全国人民为争取民主团结，和平建立新中国，同国民党顽固派进行了针锋相对的斗争，为粉碎国民党反动派的全面内战作了充分准备。毛泽东在此居住期间，写下了《关于领导方法的若干问题》《开展根据地的减租、生产和拥政爱民运动》《评国民党十一中全会和三届三次国民参政会》《组织起来》《两三年内完成学习经济工作》《学习和时局》《评蒋介石在双十节的演

说》《文化工作中的统一战线》《论联合政府》《抗日战争胜利后的时局和我们的方针》《对日寇的最后一战》《关于重庆谈判》《建立巩固的东北根据地》等许多指导中国革命的重要文章。

在此期间发生了不少重大事件。1944 年 9 月 8 日，毛泽东在枣园后沟的西山脚下，出席了张思德烈士追悼大会，亲笔题写挽词："向为人民利益而牺牲的张思德同志致敬！"并发表了《为人民服务》的重要讲话。1944 年 11 月，毛泽东在这里接见了美国总统罗斯福的私人代表后任美驻华大使的赫尔利，并进行了两天两夜的会谈，签署了《关于成立联合政府中共给国民政府的五点建议》。1945 年 6 月，党的七届一中全会选举毛泽东、朱德、刘少奇、周恩来、任弼时为书记处书记，毛泽东为主席。1945 年 8 月，毛泽东、周恩来赴重庆谈判，由刘少奇代理中共中央主席职务，主持中央工作。1947 年 2 月，经叶剑英介绍，刘少奇和王光美在此地结婚。1947 年中共中央撤离延安后，国民党军队对延安进行了毁灭性破坏，枣园也遭到严重损坏。1953 年后，人民政府开始陆续依照原貌维修。1996 年，第五届全国大学生运动会"世纪之火"火炬传递活动采集"革命之火"火种的仪式在枣园隆重举行。枣园已成为全国革命传统教育的重要基地之一。

主要旅游资源　枣园是抗日战争时期中共中央书记处所在地，是毛泽东主席《为人民服务》重要讲话的发表地，是我国双拥运动的发祥地，同时也是中外驰名的著名旅游景区。现枣园旧址主要有中央书记处小礼堂，毛泽东、周恩来、刘少奇、朱德、任弼时、张闻天、彭德怀等领导旧居，《为人民服务》讲话台，中央医务所，幸福渠等景点。枣园是一个园林式的革命纪念地，春、夏、秋、冬景色秀丽，环境清幽，交通方便，终年游客不断。

园内林木茂盛，树种繁多，有梨树、枣树、银杏、刺柏、柳树、槐树、皂角、杏树等。其中枣树就有 90 多株，枣园因枣树多而得名。园内现有 22 孔窑洞、100 余间瓦房和一座苏式小礼堂，占地面积约 5.3 万平方米。

开发情况　目前，枣园为国家 4A 级景区，是免费开放景点，每日接待3000 人，其中团体客人 2500 人，散客 500 人；零散游客到各景点指定窗口领取参观券。每周一为纪念馆休整时间（国家法定节日除外）。

从当前枣园的开发情况看，主要以参观为主，食、住、行、游、购、娱等配套不齐全，但枣园在环境、用地空间和品牌上有较大优势。目前，枣园旅游开发中存在的主要问题包括：第一，产品体系单一，仅是革命旧址参观游览；

第二，景观体系凌乱，景区入口、景区内部植物花卉配置、景区边缘与周边社区相接处等景观杂乱，影响整体视觉效果；第三，景区旧址及景点之间独立，缺乏衔接景观廊道或游憩设施；第四，景区内部公共设施配套较少、较差。

（3）发展定位

目标定位 综合枣园在环境、空间和品牌上的优势，规划将枣园打造成我国红色革命旧址观光体验的一线品牌和延安红色革命文化体验第一品牌。在2015年将枣园建设成为国家5A级景区。

功能定位 枣园是"为人民服务"革命精神和双拥运动的发源地，枣园及其周边的枣园村是为人民服务精神和"军民鱼水情"的重要展示和体验区。要在将枣园景区内部环境改造和服务设施提档升级的同时，将枣园及枣园村建设成为集红色革命旧址观光、游览、体验于一体的革命精神旅游区，使其成为以红色旅游带动周边社区经济社会发展的典型样本，成为红色旅游新业态的代表。

形象定位 枣园是毛泽东主席发表《为人民服务》的地方，也是我国双拥运动的发祥地，因此枣园是毛泽东主席对革命精神精髓的诠释地，是延安红色旅游的精神中心，是抗日战争时期乃至现在全国民众的精神家园。其形象可定位为"枣园，我们的精神家园"。

市场定位 主要定位在来自全国各地的学生、军人、国家公务员、企事业单位的干部职工等，及在延安战斗过的战士亲属及其后代、研究延安革命斗争史及革命精神的专家学者、国际友人等。

（4）规划思路

枣园及其枣园村红色旅游村的建设，主要是通过对枣园及枣园村的环境整治和文化提升来提升景区吸引力和品牌张力。建设过程中，重在增加参与体验性项目，在"大、丰、齐、美"上做文章。最终，将景区建设成红色精神教育、红色文化领略、红色艺术体验的中国第一红色旅游品牌。

• 大，即规模扩大。以枣园旧址品牌为基础，以周边枣园村及其他空间为依托，充分拓展民俗文化、双拥文化、红色文化等旅游观光和体验项目。

• 丰，即丰富活动内容。变单一的红色革命旧址观光为红色体验、文化体验、风情体验。

● 齐，即配齐旅游活动的食、住、行、游、购、娱等内容。健全活动内容和服务设施，将其建设成为具有强吸引力的红色景区。

● 美，即对园区及周边社区的美化、绿化工程。通过对枣园内外景观的改造，提升枣园及枣园村的环境品质。

（5）建设要点

①空间布局

枣园的空间布局，可采用当前规划的"七星伴月"的格局。以现有革命旧址区为中心区，北部建设枣园村民俗文化旅游区、延安革命精神展示区，西部建设商贸服务区和住宿服务区、南面建设餐饮服务区和人民广场红色文化体验区，东面为入口服务区，游客服务中心建在此处。

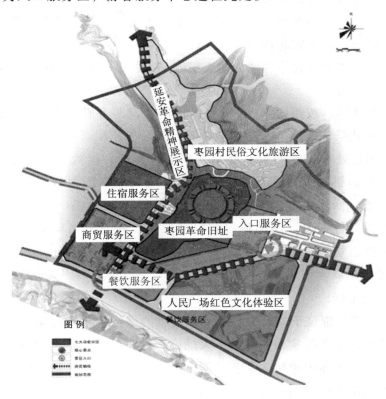

图 6-3　枣园旧址景区功能分区图

资料来源：原图由延安旅游局提供，经修改而成。

②重点项目

● 枣园革命旧址区景观改造。重点是旧址区大门外移、入口服务区建设、旧址区内景观提升、道路系统疏通、旧址内设施生活化等。

● 枣园村民俗文化旅游区。重点进行环境改造、基础设施和服务设施建设。包括：村落居住环境美化、道路系统沟通、建筑布局调整、建筑风格调整、建设双拥广场等，打造黄土风情、红色文化及双拥新村。

● 延安革命精神展示区。展示为人民服务讲话旧址广场、中央社会部机关旧址、远东情报局旧址等展现延安精神的革命旧址。拆除中央社会部西侧的民宅，布置小型广场，将社会部向公众开放。

● 住宿服务区。建设以窑洞为主题的特色住宿设施。

● 商贸服务区。建设旅游商品街区、枣博物馆、百果交易中心等。

● 餐饮服务区。建陕北特色餐饮街区。

● 人民广场红色文化体验区。建人民剧场，打造一台反映革命先辈"为人民服务"的精品剧目。

● 入口服务区。按照国家5A级景区标准建设游客服务中心，为游客提供旅行服务；新建景区大门，新建停车场等。

● 中央书记处小礼堂旧址。复原当年老电影机，播放主席当年在枣园活动、重庆谈判的影视资料；筹备"七大"等重要事件影视资料；《列宁在十月》电影片段。恢复内门上方的"人民救星"牌匾等。

● 幸福渠旧址恢复。用循环方式打井取水、恢复幸福渠水，形成亲水景观，对渠道两边景观做提升设计。

3. 鲁艺文化创意园区

（1）规划范围

园区的规划范围位于离市中心区约4公里的桥沟，总规划面积58.2公顷。园区的打造将以鲁艺教堂为核心，扩大规模、增添内容、健全设施，构建红色艺术展示区、艺术休闲游憩区、艺术创作区等。桥沟鲁艺旧址景区将尽可能忠于原貌，不大量改变道路铺装。

（2）发展概况

历史沿革 鲁迅艺术学院位于延安城东北5公里处的桥儿沟，现保存有天主教堂一座和石窑洞数十孔，是中国共产党创办的第一所综合性艺术学校，属1961年国务院颁布的首批全国重点文物保护单位。

1938年2月，毛泽东、周恩来、林伯渠、徐特立、成仿吾、艾思奇、周扬联名公布《创立缘起》，指出"艺术、戏剧、音乐、美术、文学是宣传鼓动与组织群众最有力的武器；艺术工作者——这是对于目前抗战不可缺少的力量。因此培养抗战的艺术工作干部在目前是不容稍缓的工作"。为纪念已故文豪鲁迅，定名为鲁迅艺术学院，4月10日在中央大礼堂举行成立典礼。1940年改称"鲁迅艺术文学院"，1943年4月并入延安大学，为延大文艺学院。1945年抗战胜利后，鲁艺迁往东北。延安时期，赵毅敏、沙可夫、吴玉章、周扬先后担任正、副院长。"鲁艺"校舍是利用原西班牙一神甫在桥儿沟修建的一座教堂和周围的一些窑洞。也是当时延安唯一地道的西式建筑。1940年，毛泽东题写校训：紧张、严肃、刻苦、虚心。自1938年3月至1945年11月迁往东北，共开办了文学系四届，戏剧、音乐、美术系各五届。鲁艺群贤云集，文星荟萃，在中国文学艺术史上划下一道灿烂的光芒，在革命历史上发挥了巨大作用并对中国现代文化艺术产生了深远的影响，被称为"新文艺圣殿"受到广大游客的瞩目。

资源情况 鲁艺现保存有天主教堂一座和石窑洞数十孔。其最大的宝藏是无数文人学者在鲁艺留下的艺术成就。在延安七年半的时间里，鲁艺开办了文学、戏剧、音乐、美术等系，培养学生685人。穆青、贺敬之、冯牧、李焕之、郑律成、刘炽、莫耶、王昆、成荫、罗工柳、李波、时乐濛、于蓝等文学家、艺术家均为鲁艺学员。鲁艺还创作了诸如《白毛女》《南泥湾》《黄河大合唱》等一大批极富影响力的作品，活跃了敌后抗日根据地军民的文化生活，振奋了中国军民的抗战热情，为抗日战争的胜利做出了积极贡献，并对中国现代文学艺术产生了深远的影响。

旅游开发情况 目前，鲁艺仅开放天主教堂部分，景区相对独立，以参观为主，且无相应旅游服务设施。为收费景区，门票价格26元。

存在问题 鲁艺的开发利用目前处于初级阶段，产品形态单一，游线设计简单，参观内容少，且多为简单的陈列展示，资源尤其是鲁艺的品牌资源利用率极低。因此，要充分利用鲁艺的文化品牌，发展知识密集型、智慧主导型战略产业，创造品牌资源的产业价值，并构建延安在中国红色文化的中心地位。加快发展文化创意产业，是提升延安经济可持续发展能力的内在要求，是调整产业结构、优化经济增长方式的战略选择，是提升城市综合竞争力和文化软实力的重要举措。

（3）发展定位

目标定位　将鲁艺文化创意园区建设成为融艺术研究、创作、竞赛及艺术品展示、销售、文化演艺、娱乐休闲、商务办公等于一体的立体型文化艺术创意园区，并成为延安城市的文化名片和延安新的经济增长点。鲁艺文化创意园将为入驻企业、用户提供专业性、公共性、功能性与便利性的综合服务平台。

形象定位　文化创意产业是指以创意为核心，以文化为灵魂，以科技为支撑，以知识产权的开发与运用为主体的知识密集型、智慧主导型战略产业。根据鲁艺在中国红色文化史上的历史地位及鲁艺文化创意园区的发展目标，可将鲁艺文化创意园区的形象定位为"文艺圣殿，创作天堂"。

市场定位　鲁艺文化创意园区主要市场群体分为三类：一类是文化创意企业，要以优良的园区环境、优异的管理服务水平和优惠的引进政策来吸引文艺创作企业，吸引艺术机构和艺术大师进驻园区。第二类是文化名流及其学缘群体，包括在鲁艺学习、生活和工作过的文化名流的家人、学生、朋友等。第三类是文化艺术爱好者。

（4）规划思路

以原有鲁艺旧址天主教堂为中心，在园区内大力发展印刷媒体、视觉表演艺术、音乐创作和出版、新媒体、广播电子媒体和电影、传统艺术活动等文化创意、研发产业；着力发展艺术教育、培训产业；重点培养商业、博览、会展服务业；积极发展旅游产业。将其建设成生产型与创意型兼具，融文化研发、文艺创作、艺术培训、文化演艺、商务办公和休闲娱乐于一体的文化园区。

建设过程中要注意以下几个要点：

• 园区业态选择要选取具有一定关联或相似特征的多个产业，相互交流和影响，形成集聚效应。

• 以创意、研发为主，同时具有交流空间、展示、培训等。

• 园区内同时发展多个产业除生产类产业外，园区内有小规模的消费类产业，带来一定消费人群，保证园区的活力。

• 具有一定的商业、居住等配套。

• 政府拥有一定量的办公物业，低价出租，用于孵化小型创业企业。

• 知名企业、机构和艺术大师先行入驻。

• 生态环境较好、交通便利。

• 政府推动，并建设促进产业发展的公共设施配套。

（5）建设要点

空间格局 根据发展需要，鲁艺文化创意园区的空间格局规划为："一心一廊一街四区"。如图 6－4 所示。

"一心"：指以鲁艺原址天主教堂为核心。

"一廊"：为艺术长廊，展示鲁艺学员在不同时期的重要作品。

"一街"：为特色文化街区，主要以鲁艺的重要作品题材规划的文化商业街，配以相关的文化景观。

"四区"：是指文化演艺区、酒店会展区、商务办公区和创意研发区。分别是根据园区的发展定位配置的主题园区。

图 6－4 鲁艺文化创意园区功能分区示意

发展重点 业态选择上主要是，选择艺术、戏剧、音乐、美术、文学类的创意企业，也包括印刷媒体、视觉表演艺术、音乐创作和出版、新媒体、广播电子媒体和电影、传统艺术活动等创意产业，创意设计公司、研发机构等。

● 设计服务业。重点发展工业设计业、建筑景观设计业和广告业。

● 现代传媒业。实施数字出版战略，打造具有国内外影响的数字出版产业基地。重点发展广播影视业、新闻出版业、全媒体业。

● 艺术品业。依托陕西浓厚的人文传统，推动艺术品生产和流通，鼓励艺术品拍卖、收藏等行业壮大。重点发展艺术品拍卖业、艺术品交易业、艺术品会展业、工艺美术业。

• 教育培训业。依托高水平大学、品牌培训学校、社区教育平台建设，建成城乡结合、校企合作、结构合理、具有延安特色的现代文艺教育培训体系。

• 文化休闲旅游业。依托文化品位度、亲身体验度、商品创意度和服务创意度的提升，把延安打造成为中国旅游演艺中心。重点发展红色文化和地方民俗演艺产品。

• 文化会展业。依托延安的产业优势，重点培育工艺美术、曲艺创作等文化会展活动。

4. 延安抗小遗址景区

（1）规划范围

该项目位于延安市宝塔区枣园镇邓家沟村，整体收购村集体土地30.0399公顷。其中1号地块20.5468公顷（国有建设用地1.5897公顷，集体建设用地11.8276公顷，林地6.6648公顷，耕地0.4646公顷），2号地块5.1074公顷（国有建设用地1.3347公顷，集体建设用地3.2159公顷，草地0.3769公顷，耕地0.1799顷），3号地块4.3858公顷（集体建设用地2.7416公顷，采矿用地1.6443公顷）。景区整体总投资17.22亿元。资金筹措方式以企业自筹为主，争取国家补助为辅。

（2）发展概况

历史沿革　延安抗日军人家属子弟小学旧址位于延安市宝塔区西北川邓家沟村沟口，现存土窑洞30余孔。延安抗日军人家属子弟小学成立于1941年，原名八路军干部子弟小学，1944年改名为第十八集团军（国民革命军第八路军）抗日军人家属子弟小学，简称抗小。1946年与延安保育小学合并，简称延安一保小。

抗小的校舍条件十分简陋，以依山就势的土窑洞为主，露天上课吃饭、地上练字算术，是经常的事情。抗小学生在这样艰苦的环境下，学习文化知识，接受革命教育。抗小的学生主要由革命领导人的子女、革命烈士的遗孤、白区地下党的子女组成。刘少奇、任弼时、邓小平等领导人的子女，澎湃、谢子长等烈士的遗孤，李鹏、李铁映、伍绍祖等都曾就读于该校。该校为革命培养了一大批新生力量，大都成为新中国各条战线上的栋梁之材。

资源情况　目前仅有部分抗小遗址，大部分均需恢复性重建。

旅游开发情况　抗小遗址处于未开发的情况，经过多年筹备，目前已进入开工筹备期。

2008年9月，原抗小学生罗箭将军受中国延安精神研究会和老校友的委托，专程来延安视察联络抗小遗址的恢复工作。制订了由民企牵头、多方支持的恢复开发建设方案，组建了筹建处。延安金德利工贸公司出资注册了陕西抗小文化投资公司，拉开了筹建工作的帷幕。

2009年4月，中联西北工程设计研究院编制《延安抗小遗址景区项目可行性研究报告》《延安抗小遗址景区规划方案》，提交延安市文物局。《报告》与《方案》结合邓家沟地理特点及延安固有的文化特色，在原有的特殊教育形式下，融入现代元素。力求将"延安抗小遗址景区"，建设成一个崭新的、传承延安精神的青少年爱国主义教育基地。

2011年，延安市委、市政府将抗小遗址恢复列入延安市革命遗址群首批保护项目——十大精品景区之一，并命名为"延安抗小遗址景区"。并确定延安抗小遗址景区建设项目主要根据抗小学生在延安时期的活动及作用，以及抗小遗址现状，设计建设门户区、抗小景区旧址和红色教育基地、青少年素质拓展区、小长征路和安置小区等功能区，项目预计总投资17亿元。

2010年4月13~16日，抗小北京、西安、兰州老校友专门到延安参观了邓家沟抗小校园旧址，召开了"延安抗小遗址景区项目筹建工作老校友座谈会"。

2012年3月2日，在延安市规划局召开了十大革命旧址景区规划方案评审会。会上，时任市委书记姚引良、市长梁宏贤、时任副市长张西林等做出了重要批示。会议谈及遗址保护、景区内部文化提升和移民搬迁等问题，在政府的大力帮助下，项目手续的办理正顺利有序地进行。

现在，这项"以遗址景区的形式，把抗小旧址建成引导青少年传承革命传统、弘扬延安精神的教育基地"，正坚持"民企牵头、多方支持"的恢复、开发、建设的原则，景区由民营企业金德利公司承建。

由于延安抗小遗址保护与开发项目的开发规划已经完成，并且已经经过招商并确定了项目实施单位，且景区建设已完成了前期筹建工作，即将开工，此处不赘述。

（3）发展定位

目标定位　建设延安抗小遗址景区，对弘扬延安精神，加强青少年的思想品德教育，推进社会主义核心价值体系建设，发展延安旅游业有着重要意义。可将延安抗小遗址建成全国性的少年儿童红色夏令营、冬令营旅游基地和全国性中小学教师延安精神短期培训基地，以及青少年教育基地和延安红色旅游的新亮点。

形象定位　根据抗小的建设目标，可将抗小遗址景区的形象定位为"延安抗小，红色摇篮"。

市场定位　按照年龄细分，主要是青少年旅游市场，以及与抗小有学缘关系的中老年人。

（4）规划思路

延安抗小遗址景区建设以"还原历史，传承精神；开发内涵，突出教育；运用科技，体现娱乐"为宗旨；设计思路为：以"高起点引领、大手笔规划、市场化运作、全方位推进"。主要根据抗小学生在延安时期的活动及作用，以及抗小遗址现状，依据尊重历史、尊重传统文化、保护革命遗址的原真性为重点的原则，科学规划、合理设计，充分考虑生态节能，体现地域特色，因地制宜、顺应地势、与环境和谐共生，营造宜人的活动、纪念、休闲空间。景区将设计建设门户区、抗小景区旧址和红色教育基地、青少年素质拓展区、小长征路和安置小区等功能区。

（5）建设要点

功能分区　根据延安市已经通过的抗小遗址景区规划方案，遗址景区的建设规模分为门户区（接待窑洞宾馆及大型水上乐园）、抗小景区旧址（学校）和红色教育基地、文化商业步行街、抗小景区现代娱乐拓展区、抗小景区小长征路、抗小景区住宅区六大功能区。

图 6 - 5　抗小遗址景区规划总平面图

资料来源：中国红色旅游网

建设要点　项目拟在原抗小遗址上规划建设抗小遗址保护区、传统现代游乐区、素质训练区、食宿接待区、电子开心园区、马背摇篮转战陕北区、红色碑林区、3D 电影区等。建设过程中要注意：

● 遗址部分要保留当年的革命风范和革命精神。第一，建立全国性的少年儿童夏令营、冬令营基地，体验当年抗小同学们的艰苦奋斗为革命而学习的精神。第二，建立全国性中小学教师延安精神短期培训基地。第三，遗址部分要有革命的文化内涵，讲解词既要再现历史又要有感染力。

● 传统教育与现代科技教育、游乐相结合，经营和历史的研究相结合。

● 现代科技教育部分要突出时代特点和科技含量，要有所创新。

● 硬件建设要贯彻环保低碳，如利用风能、太阳能发电等。

● 建设要与延安发展相一致，要能体现延安的特点和亮点。要与周边生态和谐一致。

● 安置好搬迁群众。筹建要按程序和法律进行。经营中要面向群众，面向青少年，使大家都能消费得起，做到薄利多收。目前遗址小区为金德利公司在建民营企业自筹资金保护革命遗址，这是一条新的路子。

建设内容　包括以下 8 项：

● 延安特色窑洞宾馆。修建具有延安特色的窑洞，依山而建结合周围地形环境，体现了红色文化和低碳环保的特点。

● 传统游乐区。设有趣味工作室和传统游乐项目。趣味工作室依托抗小小学生在延安时期的课内外学习活动，设有毛泽东诗词学习苑、语文兴趣小组，提供幻彩淘吧、趣味剪纸、模型制作等课外益智活动场所。

● 青少年教育基地。利用修复加固的原窑洞地形，参照原抗小、保小小学生生活模式，举办节假日和假期 1～3 日青少年短期培训班，对参训学生进行传统生活体验培训，学生进入体验区，生活完全自理，活动按照 20 世纪 40 年代的抗小、保小学生的学习生活方式和作息时间进行。

● 户外拓展板块。包括现代游乐园、素质训练区、小长征路。小长征路位于景区山顶的防火带公路环形连接，全程展示抗小、保小小学生转战陕北的征程。

● 门户区。主要包括游客中心广场、停车场。设有游客服务咨询中心、售票处、旅游商店。突出遗址景区主要以青少年为主要目标群体进行设计理念，同时突出门户区的接待功能，处处体现童趣。

113

•休息活动广场。为抗小遗址景区的重要景观广场，承接入口区的旧址区的人流，为短暂休息、健身场所。

•道路交通。考虑邓家沟区域的交通特点，项目设计了多元化、立体式的道路交通系统，有车道、步道。设立了4个总车位为1200个的停车场。

•低碳能源。在景区各功能分区使用市网供电的同时，文化展示馆顶面安装太阳能板，路灯地灯采用太阳能供电，山顶采用风力发电供电。

图6-6 抗小遗址景区规划项目设计

资料来源：中国红色旅游网

5. 南泥湾359旅农垦旅游区

（1）规划范围

根据《延安南泥湾风景区规划设计方案》，规划范围为：以南泥湾镇区为中心，西北至盘龙村，东北至金盆湾村，西南至九龙泉范围内主要川道以及沿各川道视线所及之处。大致呈"Y"形树枝状放射形态，以大生产广场为圆心，半径约10公里，规划区总面积约98平方公里。

（2）发展概况

历史沿革 南泥湾农场位于延安城东南45公里处。面积225平方公里。系丘陵沟壑区，土壤为黄绵土，水稻土，林草覆盖率78.3%。汾川河起源于南泥湾，水源丰富，常流量 0.7 立方米/秒。年平均气温 8.1℃，年降雨量 530～600 毫米，无霜期 120～140 天，是发展农、林、牧、渔的理想地区，场部设在南泥湾，延宜公路横贯场区。南泥湾是中国共产党军垦事业的发祥地，是南泥湾精神的诞生地。

1941 年春，由于当时国民党反动派对陕甘宁边区及抗日根据地实行经济封锁，外面的物资无法运进，所以，中共中央命令八路军 359 旅进驻南泥湾，实行屯垦，生产自救。没有房，自己动手挖窑洞；没有菜，挖野菜吃；没有工具，就自制锄、铲。他们以惊人的毅力，在荒山野岭种上了庄稼。短短的三年，由王震旅长率领的 359 旅发扬"自力更生，艰苦奋斗"的革命精神，把荆棘遍野、荒无人烟的南泥湾变成"处处是庄稼，遍地是牛羊"的陕北好江南。1943 年 2 月，西北局高干会议上，毛泽东亲自为该旅 4 位领导干部题词，给王震题词"有创造精神"，并嘉奖了 359 旅全体将士，命名为"发展经济先锋"。同年 3 月，延安文艺界劳军团和鲁艺秧歌队 80 多人赴南泥湾劳军，萧三、艾青、田方等致慰问词。贺敬之作词，马可谱曲的歌舞《挑花篮》唱道："陕北的好江南，鲜花开满山，开满（呀）山；学习那南泥湾，处处是江南，又战斗来又生产，359 旅是模范"，从此脍炙人口的名歌《南泥湾》诞生，后经著名歌唱家郭兰英一唱，唱遍了大江南北，唱得家喻户晓，都知道陕北还有个好江南——南泥湾。南泥湾精神是延安精神的重要组成部分，其自力更生，奋发图强的精神内核，激励着一代又一代中华儿女战胜困难，夺取胜利。1965 年 10 月，陕西省政府决定，为恢复和发扬南泥湾农垦的革命传统，组建了陕西省农建师 141 团，现名为陕西省延安市南泥湾农场。

改革开放以来，南泥湾得到更好的开发和建设，特别加强了自然生态的保护和建设。现在南泥湾已建成以革命纪念地为主，集参观、旅游、经济综合开发于一体的多功能的经济、文化重镇。其旖旎的田园风光，迷离多彩的森林景观，淳朴深厚的文化习俗，激励人心的革命遗址，互相映衬，观之令人心旷神怡，激情满怀。1992 年 4 月被陕西省政府公布为第三批重点文物保护单位。目前，农场下属有农业公司、农垦综合服务公司、农垦光华木器厂、龙泉石油开发有限责任公司、陕西省中天香料有限责任公司等 13 个经济实体和子校、医院两个事业单位。全场总人口 1579 人，其中职工 483 人。土地总面积 1533.3 公顷，其中耕地 273.3 公顷，主要农作物有玉米、水稻，经济作物有香紫苏、中药材、果类等。

资源情况　现有资源分布较分散，不成系统，主要分布在桃宝峪、南泥湾镇区、九龙泉川和金盆湾村，主要为革命旧址，皆属国家级文物保护单位。

人文物质资源：人文物质资源主要有：千亩稻田居、359旅旅部旧址、毛主席旧居、大生产展览馆、北京知青林是等级较高的资源。桃宝峪沟主要分布有：八路军炮兵学校旧址（炮校）、干部休养所旧址（红楼）、北京知青林；南泥湾镇区分布有：毛主席视察南泥湾旧居、千亩稻田、大生产展览馆、大生产运动广场、中国农垦纪念林；九龙泉沟分布有：719团烈士纪念碑、九龙泉；金盆湾村分布有359旅旅部旧址、点将台。

自然物质资源：主要是萧山水库、普通农田。南泥湾景区的自然物质资源包括：川道农田、沟壑山体、水塘、水库。

非物质资源：南泥湾的非物质资源包括：南泥湾精神、延安精神、农垦精神、知青精神、陕北风情民俗。

旅游开发情况　南泥湾，位于西安—黄帝陵—延安—南泥湾—黄河壶口瀑布—西安旅游环线上，是延安旅游名胜景点之一，也是现代都市人度假休闲，陶冶情操的绝好去处。

南泥湾的主要景点有：毛泽东视察南泥湾旧居、359旅旅部旧址、718团烈士纪念碑、719团烈士纪念碑、中央管理局干部休养所旧址、南泥湾垦区政府旧址、八路军炮兵学校旧址、九龙泉和南泥湾大生产展览室等。南泥湾是延安的南大门，大生产运动中，八路军359旅在这里屯垦，是自力更生的一面旗帜。1943年秋，毛泽东视察了南泥湾。现在这里开放参观的有毛泽东视察时的旧居，九龙泉、桃宝峪，还有大生产运动陈列馆。目前为免费开放，但需到景点指定窗口领票参观。

存在问题　当前景区处于粗放式开发状态，存在以下问题：

第一，景点位置分散，不成体系。各景点呈树状分布，之间交通组织不紧密，服务设施和服务产品少。

第二，产品形态单一，可参与性不强。主要以观光为主，其他形式产品极少。

第三，大部分景点处于未开发状态，利用程度不高。目前除了中部核心区已经开发部分旧址观光外，其他资源基本尚未开发，利用率较低。

第四，目前景区内旅游项目少，设施极度贫乏。

（3）发展定位

目标定位　建设成为陕北地区的田园型旅游中心，集红色革命文化观光、军垦拓展体验、生态农业观光及体验、现代农业展示、休闲旅游度假等功能于一体的国家级风景区、国家现代农业示范区和国家5A级景区。

形象定位　根据南泥湾发展的历史文脉及地脉情况分析，南泥湾是中国革命圣地的重要组成部分，其军垦文化是中国红色文化的经典组成，可以说是延安精神的产生摇篮。同时，南泥湾还有特殊的陕北黄土风貌、民俗风情和民俗，且素有陕北的"好江南"之称，因此可将其形象直接定位为：陕北的"好江南"。

市场定位　主要面向国内市场，以来自全国各地的学生、军人、国家公务员、企事业单位的干部职工为主，也包括在延安战斗过的战士亲属及其后代、研究延安革命斗争史及革命精神的专家学者、国际友人等。

（4）规划思路

对南泥湾的开发，主要秉持严格保护，适度开发的原则，重点展示南泥湾陕北好江南和美丽南泥湾，从文化层面重点展示自力更生、艰苦奋斗的延安精神。从历史层面，既要展示过去的革命历史，又要展现南泥湾现代精神内涵，及其在延安精神指引下在现代发展中的成果。具体有以下几点：

● 建构"革命旧址保护、革命历史文化体验、现代农业示范、休闲旅游度假"四大主导功能板块。

● 体现南泥湾文化内涵——延安精神：自力更生，艰苦奋斗；农垦精神：无私奉献，开拓拼搏；知青精神：锐意进取，务实创业。

● 以城乡统筹理念，打造红色文化名镇、温馨农家小镇，提高群众收入。

● 突出"追忆红色记忆，体验黄土风情"的主题，进行精神回归之旅。

● 保护、培育、凸显"陕北好江南"的环境特质。

（5）建设要点

①空间格局。采用"双核、三轴、多点"功能结构。

● "双核"是指南泥湾中心区和马坊。

● "三轴"是指以南泥湾为中心，向金盆湾、九龙泉、桃宝谷三个方面拓展的东部、西部和南部三条轴线。

● "多点"是指在三条轴线上树状分布多个旅游景点。

117

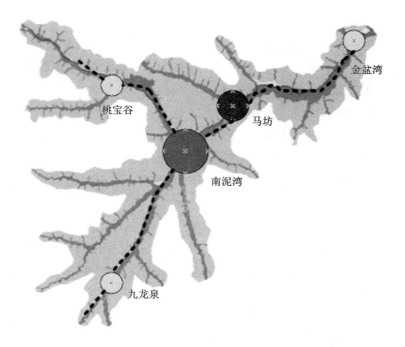

图 6－7　南泥湾 359 旅农垦旅游区空间布局

②重点项目

●中部核心区：是规划的核心部分，也是整个景区的集散中心，以观光游览为主。主要建设千亩稻田、毛主席故居、大生产运动广场、展览馆、农垦文化广场、旧址集合、游客服务中心、红楼宾馆、延安农业科普馆等景点。

●东部功能片区：以休闲娱乐功能为主。主要建设 359 旅旅部——金盆湾、水上娱乐区——水围沟、观光农业体验区——汾河川、农家乐——金盆湾、金砭、游客服务站——金盆湾等项目。

●西部功能片区：以农垦文化观光体验为主。主要建设桃宝峪红色文化展示区和知青岁月体验区、汾川河观光农业参与区、农垦纪念林、农垦博物馆等项目。

●南部功能片区：以生态观光休闲体验为主。主要建设观光农业体验区——九龙泉川、农家乐——三台庄、九龙泉、大南沟和大西沟生态涵养区等项目。

（二）其他红色旅游景区

1. 吴起新城

（1）规划范围

吴起县位于陕西省延安市的西北部，西北邻定边县，东南接志丹县，东北接靖边县，西南毗邻甘肃华池县。地处东经 107°38′57″～108°32′49″，北纬 36°33′33″～37°24′27″之间，总面积 3791.5 平方公里。

（2）发展概况

历史沿革 相传战国名将吴起曾在此驻兵戍边，因此命名吴起。1935 年 10 月 19 日，中央红军到达吴起镇与陕北红军胜利会师，从此结束了举世闻名的两万五千里长征，后改为吴旗。2005 年 10 月 19 日更名为吴起县。现有毛泽东旧居、革命烈士纪念牌、"切尾巴"战役遗址等，是进行革命传统教育的基地。

吴起以"生态立县"作为经济社会发展的指导思想。1998 年，积极响应党中央"再造一个山川秀美的西北地区"批示精神，确立了"封山退耕、植树种草、舍饲养羊、林牧主导、强农富民"的逆向开发战略，当年年底实现了全县整体封禁目标，1999 年一次性退耕 1036.7 平方公里，率先启动实施了退耕还林工程。2003 年以来，适时地把生态环境建设的重点转移到巩固扩大退耕还林成果、促使生态优势向经济优势转化上来。先后被国家林业局、水利部、财政部等部委确定为"全国退耕还林试点示范县""全国造林先进县""全国十百千水保生态环境建设先进县""全国林业建设标准化示范县""全国水土保持先进集体"和"全国退耕还林与扶贫开发工作结合试点县"。

吴起以石油经济为主体。2005 年吴起县县域经济提升速度首次挤进"西部百强县"行列，名列第 27 位，2009 年完成地区生产总值 81.9 亿元，地方财政一般预算收入 16.1 亿元，连续 5 年进入"西部百强县"和"陕西十强县"行列，其经济状况遥遥领先全省其他县域，对全省经济增长有重大贡献。

依托丰厚的石油财政，吴起县 3 年投入 5 亿多元，在全国率先实施幼儿园到高中 15 年免费教育；从 2007 年起，县财政每年列支 1000 万元，对近 1.3 万名农村 45 岁以下青壮年劳动力实行全免费技能培训，并将培训范围扩大到农、牧、医、教育等行业的专业技能人员，有效延伸了基础教育，完善发展了职业教育，提高了农民的致富能力和增收渠道，让吴起人有能力走出吴起创大业，不必再紧紧地依附于石油产业，消除"石油完了怎么办"的后顾之忧。

资源状况 吴起县旅游资源目前多数处于未开发状态，就总体状况看，其旅游资源可概括为四大类：

文物古迹。吴起县文物古迹数量多，价值高，如古代秦长城、明长城遗址、铁边城古城遗址、宁塞古城等都有很高的历史科研价值和旅游开发价值。

革命旧址。吴起在中国革命史上占有重要的历史地位。1935年10月，中央红军到达吴起，并且在此由毛泽东胜利成功指挥了著名的"切尾巴"战役，召开了中央政治局扩大会议，使吴起连同长征一起被载入中国革命斗争史册。现在的胜利山、新窑院革命旧址等都具有很高的历史意义和开发价值。

民俗文化。吴起县文化工作者对该县民俗文化进行了挖掘、整理、开发，目前已取得初步成效。尤其是以粟贴画、铁鞭舞、刺绣等为代表的民间艺术具有很高的观赏价值和鲜明的艺术风格。

生态资源。吴起县积极响应党中央号召，在全国率先启动了退耕还林（草）工程，成效显著，吸引了全国各地的团体、个人前来观摩，使吴起县的生态造林成为一种重要的旅游景观。由周弯水库和长城边墙渠水库一带构成的周长自然风景区也是发展旅游、休闲、度假的生态型旅游资源。

旅游发展状况 吴起县旅游资源开发较晚。长期以来，由于县域经济薄弱，交通条件较差，人们发展旅游意识淡薄，致使该县旅游资源开发处于初级阶段。例如，20世纪80年代对胜利山的开发规划至今仍停留在文件上未能实施。近年来，随着西部大开发战略和退耕还林工程的实施，该县充分发挥资源优势，特别是石油、天然气开发前景广阔，石油工业发展较快，县域经济总量不断扩大，旅游资源开发和旅游经济发展已提上议事日程。一方面，加快开发历史古迹和革命旧址等传统型旅游资源，使胜利山、毛泽东旧居、革命烈士陵园等一批革命纪念地和古长城、古城堡等一批历史古遗址成为旅游观光的热点；另一方面，加快生态型旅游资源的开发，使生态立县战略与旅游资源开发战略密切结合起来，加大宣传力度，为进一步规划开发和保护利用奠定了基础。

（3）发展定位

目标定位 吴起是延安经济较发达的县域之一，是延安精神指引下在新时期取得优良的建设成果的典型。通过吴起县城及其重点景区的旅游开发，将其作为"幸福延安"的典型代表，培育成全国知名的旅游县。

形象定位　结合吴起的本地形象和发展现状，突出吴起作为红军长征的落脚点，全国退耕还林先进县和全国率先实施15年免费义务教育的县域，将吴起的形象定位为"长征落脚点，幸福新吴起"。

（4）规划思路

以吴起县城建设为中心，加快推进旅游目的地体系建设。按照建设生态新城的要求，科学规划，着力加强旅游基础设施和服务设施建设、旅游文化建设，以及商业休闲街区建设，加快建立吴起的旅游目的地体系。以重点景区为支撑，加快推进吴起旅游吸引力系统建设。重点建设吴起中央红军长征胜利纪念园、吴起县城休闲街区、吴起15年免费义务教育成就展示项目。注重统筹城乡发展，按照"工业反哺农业、城市支持农村"的要求，改善城乡二元结构，积极探索切合吴起实际的城乡统筹发展路子。最终，将吴起建设成为西部旅游名县。

（5）建设要点

旅游业在吴起是一项新兴的事业。因此在建设过程中要注重以下几个方面：

①科学规划，系统思考。抓旧城区基础设施改造，科学谋划新城区建设，通过系统思考，建设集生态人居、商务旅游、休闲疗养于一体的功能配套、特色鲜明、高品位、现代化的旅游城镇。

②充分重视基础设施建设。配套完善道路、厕所、信息咨询与投诉体系、旅游快速救援体系、旅游服务中心等公共基础设施，切实加强城市综合管理，努力提升城市的服务功能和形象品位。

③宜居的城市是宜游的。城市的景区、景点建设和旅游村镇建设要结合实际，突出特色。要通过居住和生活环境的改善，引来游客、留住游客，推动吴起旅游市场的发展。

④重视社区的利益。要重视城镇旅游开发中的城市居民利益问题。居民是文化的载体，是地方的主人。只有使其保持友好而热情的态度，旅游活动才能更好地开展。我们必须充分尊重他们的权利，使其更好地参与旅游。

⑤注重产业融合发展。要进一步开发和利用好周边各条旅游线路，整合域内旅游资源，加强旅游村镇和家庭旅馆建设。注重旅游业与工业、农业和其他服务业的融合发展。尤其要与本区域内的优势产业形成融合。

2. 洛川中华复兴论坛永久会址

（1）规划范围

洛川中华复兴论坛永久会址——洛川国际会议中心项目建设地点位于洛川会议博物馆原址旁，设计占地面积约 5 万平方米。会议中心总建筑面积约 2 万平方米。主要功能包括：供 1000 人开会的阶梯性报告厅、1500 平方米展厅、中型会议厅、若干小会议厅和休息室。中华复兴论坛永久性会址的建成是洛川发展的新里程碑，必将聚焦世界目光。

（2）发展概况

历史沿革 1937 年 8 月 22～25 日，中国共产党在陕西省洛川县城北 10 公里处的红军指挥部驻地冯家村召开了中共中央政治局扩大会议，史称洛川会议。参加这次会议的中共中央政治局委员和候补委员有张闻天、毛泽东、朱德、周恩来、博古、任弼时、关向应、凯丰、彭德怀、张国焘，部分红军领导及有关方面负责人刘伯承、贺龙、张浩、林彪、聂荣臻、罗荣桓、张文彬、萧劲光、周建屏、林伯渠、徐向前、傅钟等 22 人参加了这次中共中央政治局扩大会议。张闻天主持会议，毛泽东代表中共中央政治局作了军事问题和国共两党关系问题的报告。会议通过了《关于目前形势与党的任务的决定》，并根据毛泽东的提议，通过了著名的《抗日救国十大纲领》。

洛川会议是中国共产党在抗日战争全面爆发的历史转折关头召开的一次重要会议。这次会议指出了国共两党两条不同的抗战路线的原则区别，确立了我军在敌后放手发动独立自主的游击战争、利用游击战争配合正面战场、开辟敌后战场、建立敌后抗日根据地的战略任务，正确地指导了党和军队实行由国内战争到民族战争、由正规战到游击战的战略转变，为实现党对抗日战争的领导权和为争取抗日战争的胜利奠定了政治思想基础，指明了正确道路。

资源情况 洛川会议纪念馆地处民族圣地和革命圣地之间，位于洛川县城以北 210 国道 10 公里处的永乡乡冯家村。北距革命圣地延安 120 公里，南距古城西安 220 公里。洛川会议纪念馆现存对外开放的旧址旧居有洛川会议旧址、警卫队、机要室、总务处四处旧址及毛泽东、张闻天、周恩来、朱德、彭德怀、徐向前、萧劲光七位领导人旧居 24 孔窑洞，16 间瓦房。总占地面积 19869 平方米。现收藏有二级文物 6 件，三级文物 19 件，一般文物 863 件。洛川会议纪念馆现为全国重点文物保护单位，全国爱国主义教育示范基地，全国红色旅游重点景区之一。2007 年被列入中央"一号工程"范畴内。

旅游开发情况　目前已经开发的旧址资源包括：洛川会议会址及毛泽东同志旧居。洛川会议旧址现存小院一座，内有坐北朝南砖砌窑洞两孔。左侧窑洞为当时的会议室，右侧窑洞为毛泽东旧居，旧址现藏等级文物20件，其中二级6件，三级14件，一般文物290件。会议旧址及毛泽东旧居，悬挂出席会议的领导人照片、会议原物如八仙桌、马鞍凳、条桌、太师椅等，再现当时开会的历史场景。

洛川会议史实陈列。全面展示洛川会议及会议前后的重要史实。展出的文献图片、革命文物等突出表现了其指导全民族抗战的重要意义和历史地位。

会议原物。有八仙桌、马鞍凳、条桌、太师椅以及李克农的持枪证、全面抗战形势图等。

特色活动。对团体游客在讲解中途穿插小舞蹈、陕北民歌，与部队、团体拉歌对唱。

2008年被国家纳入陕西省首批免费开放的五个博物馆纪念馆之一。免费开放后，每年约8万游客到此参观游览。据不完全统计，该馆自1996年对外开放以来，每年都有各大专院校师生和部队官兵前来参观学习。据统计，该馆共接待各类观众200多万人次，其中国家领导30余人次。

存在问题　当前洛川会议旧址处于粗放式开发状态，存在以下问题：第一，景点服务设施和服务产品少，食住行服务设施未形成配套。第二，产品形态单一，可参与性不强。主要以观光为主，其他形式产品极少。第三，目前景区内旅游项目少，设施极度贫乏。因此，在充分利用现有洛川会议的品牌效应的基础上，需要增加新的元素来充实景区的内容，并配套相应的服务设施和基础设施。

（3）发展定位

目标定位　项目建成后将作为洛川经济发展的重要组成部分，主要为每年举行一次中华复兴论坛国际会议，其余时间可用来为大型国际经贸洽谈、文化交流、论坛、各类会议、演出、集会、宴会接待等提供场地服务，永久会址建筑群将成为洛川乃至延安的标志性建筑之一。中华复兴论坛建设后，每年召开一次会议，逐渐发展成为全球华人共商中华民族繁荣复兴大业的公共平台和影响力最大的华人论坛，成为集会议、会展、商贸、休闲、旅游于一体的大型旅游区。

会议宗旨　中华复兴论坛的设立一方面是依托洛川会议旧址在会议领域的知名度，另一方面是因为洛川地区原处于华夏文化的核心区，与黄帝陵毗邻。

123

同时，洛川会议是中国共产党在抗日战争全面爆发的历史转折关头召开的一次重要会议，其胜利召开为实现党对抗日战争的领导权和为争取抗日战争的胜利奠定了政治思想基础，指明了正确道路，意义重大。因此，取其在中华民族发展史上的重要意义，并结合洛川的历史文脉，可将其会议宗旨定位为：为往圣继绝学，为万世开太平。

市场定位　主要定位会议游客商贸、观光游客。主要是全球华人会议及相关商贸会议，同时也是洛川苹果会议会展的商贸中心。

（4）规划思路

在空间上以洛川会议旧址为依托，与周边社区建设相结合。会址园区风格设计既考虑陕北特色风格，又考虑国际化趋势，以"四海一家的和谐世界"为规划理念，按照"整体规划、由小到大、分期实施"原则，分步实施，将会址区建设成为国际化田园会议园区。在品牌塑造上，充分利用洛川会议的已有品牌效应，将论坛逐渐打造成为影响力最大的全球华人复兴论坛。

（5）建设要点

①空间格局。采用"一核三区"空间布局。"一核"指中华复兴论坛国际会议中心区，"三区"指入口服务区、商贸服务区、华夏文化主题公园区。

图6-8　洛川中华复兴论坛永久会址布局示意

②重点项目。重点建设项目有：

● 永久会址国家会议中心。包括星级酒店、国际会议中心、各国文化交流中心，以及各论坛的分论坛建设。国际会议中心将突出会议功能，同时兼备与之配套的酒店、商业功能。华夏复兴论坛下设兴儒书院、华夏文明、其命维新三个分区。同时设童蒙养正、经典讲堂、儒学论坛、历史研究、诸子百家、文辞诗赋、金石书画、华夏之声、儒商论坛九个分论坛。

● 商贸服务区。主要建设国际度假村、购物中心和商业街。

● 华夏文化主题公园区。建设中华文化主题园。

● 建设会址网络平台。通过网络媒体延伸和拓展了公众对该政论片的关注和评价，使得民族复兴、富国强民等话题成为舆论关注的焦点。

● 部分节点处理：

入口处理：将进入小区通道区域打造成该环境乐章的序曲，利用入口广场—样板间局部环境—桥头广场完成进入会议中心区的景观体验，充分体现生态、自然、现代、高尚的区域氛围，更好地突出小区的景观设计风格。

与社区交界处处理：要充分顾及社区居民的利益，满足人群从不同角度、不同行为模式的利益和情感需要，体现环境的生态、自然、人性化特征。

景观风格的处理：以隐于无形的设计锻造自然园境，恢复自然山林，让建筑隐于山林中。不是建筑在森林缝隙里营造小绿地环境，而是建筑像植物一样与其生长于斯的大绿地环境融洽共生。种植建筑，赋予建筑以生命，让环境与建筑浑然一体，使其具备一个回归自然、回归田园、回归生命本源的温暖的主题意念。

3. 中国延安干部管理学院

（1）规划范围

与枣园旧址相邻，占地16万平方米，一期工程占地约7.3万平方米，总建筑面积3万多平方米。主要包括报告厅、教学图书楼、学员餐厅、学员宿舍等11个单体建筑，可容纳同期在校学员400人。

（2）发展概况

历史沿革　中国延安干部学院是经党中央、国务院批准成立，由中央组织部管理的中央直属事业单位，是对党政干部、企业经营管理者、专业技术人员和军队干部进行中共党史、党建理论、革命传统教育和基本国情教育的国家级培训基地。学院实行理事会领导下的院务委员会负责制。理事会成员单位的组成，还包括中央国家机关有关部委、部分理论研究单位，中央党校、国家行政学院及部分高等院校，学院所在省、市的党委、政府及其有关部门，部分国有骨干企业及国有控股企业。学院内设办公厅、教务部、培训部、对外交流与培训开发部、教学科研部、人力资源部（机关党委）等工作部门。学院于2002年10月开始筹建，2003年6月17日开工建设，2005年3月21日正式开办。

资源情况　干部学院内环境优美，景色宜人，建筑简约典雅，有较高的观赏价值。

图6-9　干部学院内外环境

旅游开发情况　未进行旅游开发。

存在问题　未进行旅游开发。

（3）发展定位

结合枣园的扩建改建工程，作为一个社会机构对外开放，与枣园形成联动，成为革命教育点观光游览区。

（4）规划思路

重点是开发观光游览功能，要特别注重游线设计和安全管理。

（5）建设要点

游客安排要与枣园的游线设计结合起来，既要充分考虑游客的需求，又要保证学员不受影响，所以要在公共服务体系设置和安全防护措施上下功夫。

附录一

红色旅游景区、产品开发模式、案例及国际经验借鉴

一、红色旅游景区开发的国际经验、模式及典型案例

（一）红色旅游景区开发的国际经验

1. 世界经典"红色旅游"产品

红色旅游不仅在我国发展壮大，在世界范围内，也是受各国政府重视的旅游产品类型。美国、俄罗斯、朝鲜、南非、德国、法国等国家都有各具特色的和民族印记的红色旅游产品。表 1 展示了世界范围内主要的经典红色景区（点）。

表 1 世界经典"红色旅游"景区（点）

国　家	景区（点）
美　国	林肯纪念堂、自由钟、亚利桑那号战舰纪念馆、夏威夷珍珠港、芝加哥市格兰特将军的陵墓、林肯公园
俄罗斯	圣彼得堡、"阿芙乐尔"巡洋舰、十二月党人广场、列宁陵墓、列宁雕像、哥尔克列宁故居、红场、克里姆林宫武器库、无名烈士墓、卫国战争纪念馆
朝　鲜	大城山革命烈士陵园、祖国解放战争胜利纪念塔、建党纪念塔、平壤凯旋门

续表

国　家	景区（点）
南　非	保罗·克鲁格故居、沃尔克特开拓者纪念碑、罗本岛
越　南	胡志明主席故居
缅　甸	独立纪念碑、仰光人民广场
巴基斯坦	独立纪念塔
雅加达	雅加达独立纪念碑
卢森堡	宪法广场、夏洛特女大公像
德　国	柏林墙、柏林纪念碑林
比利时	滑铁卢登陆地
法　国	诺曼底登陆地
希　腊	无名战士纪念碑

2. 世界经典"红色旅游"景区（点）的开发经验

（1）以色列

以色列开辟有纪念大屠杀的纪念馆，名字叫"亚德瓦谢姆"。这座耗资达5600万美元、历时10年建成的建筑几乎是全世界"规格"最高的纪念馆。新馆落成时在耶路撒冷举行了拉宾遇刺以来规模最大的国际仪式，以色列总统卡察夫、总理沙龙和联合国秘书长安南亲自为它揭幕。

①开发模式

不断探索，集成多年的成就与精华。

锁定主题，融入建筑设计每个环节。

整合营销，打造世界二战旅游胜地。

②经验总结

注重产品开发的衔接性。

运用各种元素突出主题。

（2）德国

德国开展有"集中营旅游"和"二战旅游"等项目。德国有许多"二战"遗址和纪念馆，它们都拥有一个共同的主题——反省。慕尼黑郊外的达豪集中营，是包括奥斯维辛集中营在内的纳粹"集中营制度"的起源地，景区生动再现了"二战"时期牢房的生活实景。

①开发模式

还原历史，真实再现战时生活实景。

尊重历史，设置机构管理档案资料。

正视历史，教育国人热爱正义和平。

②经验总结

加强战争遗址开发管理。

促进遗址向国际化开放。

运用体验模式还原历史。

（3）法国

法国的"红色旅游"有两大特点，一是景点分布广泛，在诺曼底—巴黎—斯特拉斯堡—马其诺一线上布满了"二战"的相关景点，甚至不知名的小镇上也常常树立着二战的纪念碑，处处充满纪念之意；二是配套服务极为发达，在安静的诺曼底登陆海滩背后，是一片"热闹"的度假胜地，遍布旅游用品商店、咖啡馆和饭店，法国人将对待历史的虔诚之心很好地融入优美的自然风光和厚重的历史遗迹之中。

①开发模式

充实内容，利用现代化的展示手段。

优化布局，突出战争与和平的主题。

注重细节，采用极具震撼的景观设计。

扩展思维，开发多种类型主题活动。

整体开发，形成区域性的纪念地群。

②经验总结

突破被动单一经营模式。

实现区域景点联动开发。

有机结合各种旅游资源。

（4）美国

美国在向国民展示历史的时候，非常注重历史的真实性，美国在珍珠港开展的"体验式"旅游以展现惨痛的代价引发游客的纪念和思考。

①开发模式

大胆创新，采用原址恢复建设理念。

精心设计，引导游客产生强烈共鸣。

注重主题，突出战争纪念物教育性。

②经验总结

运用主题化的设计手法。

发挥历史本身的震撼力。

体现失败与代价的价值。

（5）俄罗斯

俄罗斯的前身苏联作为"二战"期间盟军的重要力量，在反法西斯战争中做出了重大贡献。俄罗斯的"二战"纪念物主要位于莫斯科西郊的俯首山，由胜利广场以及凯旋门、胜利纪念碑、莫斯科守护神圣乔治雕塑和教堂、卫国战争纪念馆等构成。

①开发模式

设计恢宏，体现国家和集体的力量。

重点突破，对重大事件重点纪念。

②经验总结

设计风格需要契合主题。

整体开发营造场馆氛围。

（6）澳大利亚

为了让后人知道战争的惨烈和和平的重要，澳大利亚政府投入巨资建造了一座具有国际水准的战争博物馆。这座纪念馆位于堪培拉心脏地区，是年青一代了解战争、追求人类和平的课堂。这里陈列着在20世纪澳大利亚参与的大大小小的战争和维和行动中的武器装备400多万件，从第一次世界大战到第二次世界大战，从朝鲜战争、越南战争到阿富汗战争和伊拉克战争，如同展开了一幅战争历史的画卷。

①开发模式

理顺体制，采取自主化的管理方式。

引进科技，采用现代化的展示手段。

配套教学，运用灵活式的教育方式。

②经验总结

建立场馆主动经营模式

培育纪念馆的教育功能

（二）国内红色旅游景区的开发模式

1. 红色旅游景区的开发模式

（1）传统的开发模式

即将目的地建设成为以观光为主的旅游目的地体系。

（2）体验旅游开发模式

即将目的地建设成为注重游客体验和参与的休闲旅游目的地体系。

（3）混合开发模式

即将前两种模式有机组合，使旅游目的地既有传统的观光型旅游项目，又注重体验参与型旅游项目的开发。

2. 红色旅游经典景区标准化建设

（1）区域旅游交通

与区域内另外一个著名红色旅游景区之间平均时耗不超过40分钟。

与周边其他类型的著名旅游景区之间平均时耗不超过40分钟。

（2）红色陈列展示

建议开发一个红色主题节事活动作为红色文化展示手段。

建议开发一套体现景区红色主题的背景音乐。

采用体现景区红色主题的建筑样式、服务人员服饰。

具有高科技展示手段，如声光电技术；具有模拟仿真展示手段。

建议开发一个反映景区形象的宣传口号和商标形象。

（3）红色解说系统

建议开发一套体现景区红色主题的特色指示标牌。

建议开发一套体现景区红色主题、制作精良的公众信息资料。

拥有若干"红色导游员"，提供特色导游服务。

具有一套可视可听、多语解说的电子导游系统。

（4）红色特色服务

具有一套红色旅游纪念品，如明信片、邮票、年票等。

具有一系列融合当地特色文化的红色旅游商品。

建议具有一脉相承的民间老字号参与红色旅游商品的经营和开发。

具有一套红色特色餐（饮）品。

具有一场红色特色演出，演出融合当地特色的文艺节目。

保留若干红色革命歌曲，并全新包装演绎。

保留若干反映军民鱼水情的红色经典故事或事迹，并重新包装演绎。

具有一条红色特色交通专线，提供独特红色交通体验。

具有一所红色主题住宿设施，提供红色主题客房。

具有至少一部有关红色经典影视剧作品。

建立起一套健全的管理体制和经营机制。

有红色旅游中长期发展规划。

红色旅游质量、红色旅游安全、红色旅游统计等各项经营管理制度健全有效。

确立了景区的红色旅游品牌标志。

有对员工进行红色知识和旅游知识的培训制度，有效落实。

（三）国内红色旅游景区开发的典型案例

1. 井冈山

位于江西省西南部，地处湘赣两省交界的罗霄山脉中段，是江西省西南的门户。把守此地，有"一夫当关，万夫莫开"之势。井冈山很多的革命人文景观，是土地革命初期中国工农红军革命遗址最集中的地方。保存完好的革命旧居旧址有几十处，其中国家级重点文物保护单位10处，省级重点文物保护单位2处，市级重点文物保护单位17处。井冈山的自然景观优美。景区内层峦叠嶂，峪壑幽深，溪流澄碧，林木蓊郁。作为中国共产党缔造的第一块农村革命根据地，江西西南部群山环抱中的井冈山，具有丰富的革命战争遗址和传奇故事，被誉为"中国革命圣地"。

图1 井冈山风景区示意图

（1）开发模式

井冈山红色旅游是以红色旅游资源为核心吸引力，充分融合农业、制造业、会展服务业、娱乐和文化创意等多个产业，集观光、体验、培训、会议、会展、农家乐、大型娱乐活动、文化创意等综合业态于一体的红色旅游区。

（2）特色项目

游览景点有：笔架山、水口、主峰、黄洋界、龙潭、北山革命烈士陵园、茨坪旧居、大井旧居、百竹园造币厂、红军医院（小井）、红军谷（五马朝天）、南山公园、会师纪念馆/龙江书院/会师广场、红军医院（茅坪）/八角楼、象山庵/红四军军部/步云山练兵场，井冈山革命博物馆等。

其他特色项目有：井冈山（梨坪）国际会议中心；中央"一号工程"井冈山革命博物馆新馆；中国井冈山干部学院和全国青少年井冈山革命传统教育基地。与井冈山实现资源共享，利用中国井冈山干部学院和全国青少年井冈革命传统教育基地的资源优势，把井冈山共同打造成全国优秀的红色教育基地；中国书法家井冈山创作培训基地。中国（井冈山）红色旅游高峰论坛。

大型革命圣地实景演出《井冈山》。这是中国实景演出第一人梅帅元继

《印象·刘三姐》《禅宗少林·音乐大典》后的又一力作。展现了中国共产党在井冈山革命斗争的血雨腥风。这台节目是我国目前唯一的一台演绎红色经典表现革命战争题材的大型实景演出。10 万平方米的山水剧场，1 亿元的巨额投资，600 多人的演出阵容，国内最大的室外灯光音响工程，真实惨烈、炮火连天战争场面的再现。在《十送红军》中唱到的"三送红军到拿山"的拿山乡红色山水史诗般地再现了井冈山革命根据地波澜壮阔的历史画卷，让您置身于80 年前井冈山斗争的真实情境，带给您巨大的情感冲击和强烈的心灵震撼。

井冈漂流。朱砂河漂流是一项集观光、游览、探险、参与于一体的旅游项目。

井冈山红色拓展培训中心。其是一家专业从事体验式培训研究和红色拓展培训机构。主营业务有井冈山拓展、井冈山培训、井冈山旅游、井冈山红色旅游。开展：穿一套红军服装，走一段朱、毛红军挑粮小道，吃一顿红军饭、南瓜汤，唱一首红色革命歌曲，听一堂井冈山革命斗争史专题课，访谈一位老红军后代，进行一次社会实践调查，过一次组织生活，重温一次入党誓词，开展一次红军体验教育活动，观看一场大型实景演出《井冈山》11 个"一"活动。

（3）发展经验

巧做资源保护和开发文章，促进资源永续利用。发展旅游，规划先行。近年来，井冈山市陆续编制了一系列旅游发展规划，对全市旅游资源进行了统一规划，并付诸实施。及时成立了风景名胜区规划委员会及景区规划评审专家组，严把规划审批关，杜绝了资源的盲目、低级开发。为了减轻茨坪中心景区的城市承载压力，减少资源的人为破坏，该市高瞻远瞩，于 2005 年 4 月将行政中心顺利搬迁至新城区，同时，按照"在保护中开发，在开发中发展"的原则，高标准开发建设旅游产品，着力打造旅游精品。经过保护性开发和改造，井冈山现有的龙潭、黄洋界、五指峰等景区（点）已成为享誉中外的精品旅游景区。而随着投资近 800 万元的茨坪中心挹翠湖公园的改造，由中国中信集团公司投资 30 亿元建设的井冈山（梨坪）国际会议中心和中央"一号工程"井冈山革命博物馆新馆的建成，将进一步加快井冈山建设国际旅游胜地的步伐。

巧做"红、绿"文章，处处彰显家园魅力。井冈山既是中国最红的山，又是全国红色旅游景区中风景最优美的山。深邃厚重的红色历史与圣洁优美的绿色风光交相辉映、完美结合，赋予了井冈山旅游神圣而又神奇的独特魅力。这一特色在全国乃至全世界的旅游胜地中首屈一指，成为井冈山旅游的最大品牌和优势。近年来，该市深入贯彻"高举红色旗帜，做足绿色文章，彰显家园魅力"的旅游发展战略，巧做"红、绿"结合文章。在旅游形象宣传上，突出"红色摇篮、绿色家园"的主题，借助井冈山红色旅游在全国的影响力和知名度，强力推介井冈山的自然绿色风光，实现以"红"促"绿"，以"绿"衬"红"；在旅游产品营销和推广上，对"红、绿"旅游产品进行科学组合，精心推出了"红色圣地寻迹游""绿色家园健身游"以及"客家民俗风情游"等精品旅游线路。这些线路的推出，进一步丰富了游客的游程，增强了旅游吸引力，让广大游客既能亲身感受到井冈山革命历史所带来的震撼和洗礼，又能徜徉于山水之间，充分领略大自然的美妙奇特，真正做到了寓教于乐，寓乐于游。

巧做文化渗透文章，着力提升旅游文化含量。文化是旅游的重要内涵，没有文化的旅游是没有生命力的旅游。井冈山有着得天独厚的红色历史文化和客家民俗文化。为充分展示和利用井冈山特色文化资源，该市对红色文化与客家民俗文化进行提炼包装，提升可看性、体验性、参与性和表现性，并将其渗透到食、住、行、游、购、娱旅游六要素之中，有针对性地开发了以漂流、观赏民俗表演为内容的客家民俗风情旅游项目，推出了以唱一首井冈山革命歌谣、听一堂革命传统教育课、走一段红军走过的小路、吃一餐红军套餐、祭扫一次革命烈士墓或向革命先烈敬献花篮、看一场红色旅游经典歌舞为内容的红色旅游"六个一"工程，精心打造了以《绣花鞋》《请茶歌》《十送红军》为主打曲目的红色经典晚会《岁月·井冈山》，进一步提高了井冈山旅游的文化含量，丰富了游客的文化体验。

（4）开发效果

在井冈山景区的大街小巷，来自全国各地乃至世界的游客络绎不绝，商铺林立，旅馆随处可见，红色纪念品和当地土特产销售繁荣。红色旅游的兴旺，让井冈山焕发了生机和活力。红色旅游，不仅成为井冈山最响亮的一张名片，也成了拉动当地经济发展的助推器。据统计，1995～2010年，来井冈山旅游的人数增长20多倍。2010年，井冈山实现旅游收入超过30亿元，占当地GDP的一半。如今在井冈山各个红色旅游景点周围，各种各样的"农家乐"星罗棋布。

2. 韶山

韶山是中国各族人民的伟大领袖毛泽东的故乡，也是他青少年时期生活、学习、劳动和从事革命活动的地方。新中国建立以来，韶山一直受到党和国家的关心与重视。在党的领导下，韶山经过韶山人民半个多世纪的艰苦创业，已由一个偏僻落后的山村，变为工农业迅速发展，教育、科技、文化、卫生水平普遍提高，纪念景点众多、服务设施完备的国家级风景名胜区。韶山风景名胜区占地 70 平方公里，其总保护规模 42 平方公里，共有七大景区 82 个景点，其中人文景点 53 个，自然景点 29 个，有一代伟人毛泽东的故居和毛泽东同志纪念馆，有被称为"神秘的西方山洞"的滴水洞和风光秀丽的韶峰等。作为毛泽东的故乡，1994 年，韶山便被国务院批准为国家重点风景名胜区，2004 年被评为爱国主义教育基地，2011 年 9 月，被评为国家 5A 级景区。

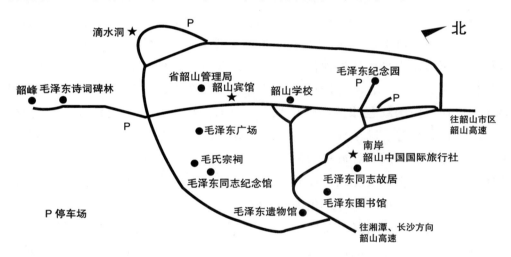

图 2   韶山核心景区游览示意图

（1）开发形式

韶山力推"十二五"红色旅游产业"14461"工程，即"十二五"末来韶游客突破 1000 万人次；重点开发天鹅山、韶峰、黑石寨、狮子山四大片区；建设 4 座四星以上宾馆、会展中心；新投红色文化体验、红色文化演艺、红色文化拍摄、红色文化教育、红色文化展览、绿色休闲运动六大类产业项目；实现旅游综合收入 100 亿元以上。

（2）特色项目

主要景点有：韶山、毛泽东同志故居、毛泽东纪念馆、滴水洞景区、韶山诗词碑林景区等红色旅游区（点）等。

中国（韶山）红色旅游高峰论坛。全国红色旅游高峰论坛是全国红色文化荟萃的一次盛会。韶山、井冈山、遵义、延安、西柏坡五大革命纪念地，北京、上海、广东、广西、江西、湖北等12个省市齐聚韶山，围绕"弘扬红色文化，发展红色旅游"的主题，共商全国红色旅游科学发展大计。

韶山东方红园。韶山东方红园的位置在韶山市城乡接合部，距离韶山市委、市政府不到2公里，与毛泽东故居隔山相依，占地面积2533.3万平方米，分三期工程，第一期工程东方红都是整个东方红园的标志性建筑，建筑面积16万平方米，将建设成为"中华民族精神第一塔"。东方红都将珍藏中华民族近现代历史的优秀作品，将以现代科学技术展现中华民族近现代历史中的民族英雄，将突出展示以毛泽东为代表的中国共产党人的丰功伟绩，再现伟人风采；将仿真还原展示中华民族近现代的苦难史、奋斗史、光辉史；每天定时演出大型红色经典文艺节目，不定期举行现代大型歌舞晚会，举办韶峰论坛、和谐世界韶山论坛、中国红色旅游高峰论坛、国际社会主义论坛、毛泽东思想论坛、东方红文化论坛等。除了标志性建筑东方红都，东方红园还将建成超过100万平方米的伟人大酒店、红五星大酒店、红色美食城、公益园、功勋雕塑园、长征体验园、民族精神文化园、民族和谐村、红军生活体验园、红色旅游精品博览中心、品牌塔、里程碑等红色文化建筑。

韶山山歌申遗。湖南省文化厅对湖南省第三批省级非物质文化遗产名录推荐项目名单进行公布，韶山市文化馆申报的韶山山歌作为湘潭地区唯一一项新增项目与长沙陶公庙会等非物质文化遗产榜上有名。至今韶山山歌已经在北京国家大剧院、台北音乐厅、湖南大剧院、齐白石国际文化艺术节演出，在省内外产生了巨大反响。

《日出韶山》。讲述毛泽东的革命家庭、一个民族、一个国家、一种精神的大型红色经典史诗情景歌舞剧《日出韶山》将在韶山首演。该剧的推出填补了湖南红色文化演艺的空白，成为湖南红色旅游演艺示范点和湖南红色旅游文化的重要宣传阵地。

（3）发展经验

湖南立法保护韶山景区，核心景区内禁止新建或扩建宾馆、招待所。

中国红色旅游第一卡——湖南红卡。湖南红卡是这次中国（湖南）旅游文化节的一个创新，是整合全省红色旅游区点搭建宣传平台。20个著名红色旅游区点由湖南省红色旅游办公室确定，与红卡配套发行涵盖20个红色旅游区点的红卡手册，手册上有各个景点的介绍和图片。游客持红卡在游览红色旅游区点后，可在红卡手册上盖上相应的红色旅游区点纪念章。这本纪念册与2010年上海世博纪念册一样，具有收藏价值。

（4）开发效果

韶山是我国第一批全国爱国主义教育基地，自2008年3月以来，韶山爱国主义教育基地一直都是免费开放。这些景点的免费开放带动了韶山旅游业的发展，促进了交通、住宿、餐饮、旅游产品等相关产业的发展，进而推动了韶山当地经济的快速发展。从2003年开始，来韶山旅游人数连年攀升，2005年为305万人次，2010年达703万人次。红色旅游助推了当地经济发展，让当地百姓得到了实惠，先富起来的村民并不安于现状，而是在当地政府的引导下不断提升服务意识。旅游基础设施的大投入提高了旅游产品质量，韶山的宣传教育设施更加完善，爱国主义教育内涵更加丰富，环境生态保护更加全面，陈列、教育、管理、服务等均朝着一流化水平迈进。

二、红色旅游产品开发的模式

1. "红+绿/少/土"发展模式

红色旅游地多数处于"老、少、边、穷"地区，"老、少、边、穷"长期以来是这些地区经济社会发展比较落后的根源，但是如果转变一下思路，今天的"老、少、边、穷"完全有可能转化为新时期发展的优势。"老"是革命老区，今天发展红色旅游为革命老区带来了勃勃生机，更重要的是构建社会主义核心价值体系的重要来源之一就是红色精神，这使得革命老区能够得到更多的关注。"少"就是少数民族地区，在今天就意味着民族风情，是可以得到很好开发利用的旅游资源。"边"是边界地区，过去多为几不管的地带，但今天发展旅游业，恰好又可以产生边界效应，以丰富多彩的文化作为依托，可以吸引来自周边各个地方的游客。"穷"是贫穷，往往意味着生态环境较好，没有工业污染，在今天正是发展休闲度假的最好资源。

"红＋绿/少/土"是红色旅游地发展旅游业的最普遍的模式，就是把红色旅游发展和良好的生态环境（绿）、多彩的民族风情（少）、丰富的民俗文化（土）相结合，让旅游者不仅能够接受红色精神的洗礼，而且能从多方面促进身心的愉悦。

2. "红＋产业"发展模式

旅游业本身当然也是一个产业，但"红＋产业"中的产业是指旅游业之外的产业，特别是农业和文化创意产业，它们往往能够和红色旅游有机地融合在一起，增加红色旅游的魅力和这些产业的竞争力。

前文提到，红色旅游地往往是生态环境比较好、工业污染比较少的地方，因此在发展生态农业、有机农业方面大有可为，将有机、生态农产品和红色旅游品牌相结合，可以做到相得益彰。有些红色旅游地还可以借助红色文化进一步提升产品品牌。比如南泥湾，大家都知道是"自己动手、丰衣足食"的发源地，依托南泥湾的品牌大力发展有机农业，能够得到很多人的亲切感和信任感。再如左权，曾经是八路军总部所在地，就可以在主要客源地（北京、太原、石家庄、邢台、安阳、冀中等地）建立"八路军总部供给站"，打造八路军品牌食品，既可以推销左权农业、特色产品，也可以成为左权旅游产品的联络站和推广站，更是左权形象的广告牌，起到一举多得的功效。

文化创意产业是近年来兴起的产业，符合未来发展趋势，潜力很大。而红色精神本来就是文化创意产业很好的来源，也是国家发展文化创意产业重点扶持的领域，这使得红色旅游和文化创意产业能够实现完美的结合。现在在全国各地的文化创意街区，很多地方都能够找到以红色为主题的文化创意产品，深受游客喜爱，特别是非常受一些外国游客欢迎。当然，目前红色文化创意产品的开发还多停留在纪念品和手工作品的层次，深入开发的空间还很广阔，比如红色网游、红色动漫等。

3. 红色主题园发展模式

目前很多红色旅游产品主要就是看看故居遗址、纪念馆博物馆雕塑，很难激发游客的兴趣。红色主题园则通过以红色为主题整合其他旅游项目，可以有效地处理好红色文化传播和旅游体验项目之间的矛盾。比如以欢乐谷为代表的主题公园，其本质上就是游乐场，但是因为嵌入了一些文化景观元素，而更受人们的欢迎。嵌入文化景观元素，看起来简单，但是可以起到多方面的功效，比如提升视觉效果，增加拍摄点（从而延长逗留时间、增加消费），丰富文化体验等。红色旅游也可以采取类似的发展模式，比如建设以红色文化为背景的主题乐园。除了机械娱乐以外，还可以将红色文化和节庆活动、演艺活动、修学活动等结合起来，这些也是主题乐园一般的设计手法。在形式上也可以更加多样，不一定是圈起来收门票，也可以是敞开式的，关键是将红色文化处理成基质，让游客在潜移默化中了解红色文化、体验红色精神，其效果可能比直接宣传、介绍更佳。

4. "故里 + 历程" 伟人大业发展模式

红色旅游中，伟人故居是一个重要的类型也是最富有感染力与亲和力的红色旅游资源。但是，如果仅仅着眼于"故居"是不够的。因为这些故居本身从建筑上看来可能很普通，建筑艺术价值不大，观赏性不高；而且很多故居是非常类似的，看多了容易让人疲劳。

解决上述问题的一个重要途径就是将"伟人"和"伟业"结合起来，故居之外，还要有故里和故事，这样才更有意义、更有穿透力。第一个层面是从故居到故里，在范围扩大的同时，把内容扩大到一个人、一群人、一个区域、一段历史，丰富游客体验内容。第二个层面是通过讲故事的手法，从"点"到"线"到"面"，以伟人的"成长和立业"为主线，将"个人学业—革命事业—建国大业"融合在一起，加深游客对红色文化价值的理解。第三个层面是对接拓展，对接党的需要、市场的需求，拓展伟人故里的"区域性"红色光辉业绩，把党的创建、抗日战争、革命战争、社会主义建设、改革开放，全面整合，"活化"与"现代化"。

5. "战场 + 社区" 和平和谐发展模式

战场遗址是红色旅游中另一类重要的资源和形式。关于战场的开发也是红色旅游发展中的一个难点。一是很多战场遗址其实已经没有多少遗存了，感受不到当前战争的气氛；二是现今是和平年代，很多人对战争本身是反感的，如何处理战争与和平的关系也很让人纠结。

一条可行的途径是景—城市/社区的一体化。把深刻的历史记忆与当代城市建设与社区发展结合起来，做成"红色社区""红色街区"，既有引以为自豪的内在精神，也有令人向往的吸引力。例如，台儿庄为山东南大门、江苏北屏障，历来为兵家、商家必争之地。1938 年春，发生在此的台儿庄大战，歼敌万余人，英雄的台儿庄被誉为"中华民族扬威不屈之地"。在此打造"战争古镇", 不仅是凭吊战争, 而且是通过战争文化符号的展示, 吸引人们对战争与和平的思考。战争与和平是人类社会发展史一对永恒的难题。可以通过昔日残酷战场与今天和谐家园的对比, 展示中国人对战争与和平中"人类价值观"的思考, 在这一点上, 可以做到国际化, 上升到整个人类发展的高度上。

附录二

延安红色文化旅游生命力的调查研究

一、研究意义

红色旅游是弘扬伟大民族精神、加强青少年思想道德法律建设的重要工程，社会上对红色旅游的持续生命力却存在一定的担忧，认为红色旅游发展前景不乐观。在民众眼里，红色旅游像是政府的面子工程，是靠"公款"堆出来的；在大学生眼里，红色旅游是只在社会实践或党员活动时才会参加的旅游方式。那么，随着老一辈的离去，年青一代是否还能理解红色、喜欢红色？这种红色旅游在年青一代断层的现象是否可能出现？这引起社会上的思考。

另外，每逢党的重大纪念活动或大规模学习活动时，红色旅游成为旅游的热点，但是当没有这些重大活动时，红色旅游是什么情况？以革命圣地延安为例，2011年由于适逢建党90周年、西安世界园艺博览会、辛亥革命100周年，游客接待数量暴增，但是随后的2012年由于缺少重大事件，尽管延安展开了首届红色旅游季等活动，但游客接待人数比上一年还是下跌了不少。

红色旅游的持续生命力是红色旅游发展面临的一个重要问题，因此，开展红色文化旅游生命力的调查研究是非常必要的。本研究以革命圣地延安为例，通过调查国内游客对延安红色文化的感知，探索延安红色旅游文化的持续生命力，增添延安红色旅游目的地建设的信心，为全国红色旅游的健康而持续发展指明方向。

二、调查设计

　　基于研究目的，作者首先对 18 名参与延安红色旅游的游客进行了探索性的定性访谈，其中 10 名男性、8 名女性，受访者年龄在 16～55 岁。作者在深度访谈基础上结合文献设计了关于国内游客对延安红色文化感知的调查问卷。问卷是围绕游客自身的个体特征、游客消费特征、红色景区自身经营特性、旅游服务、旅游宣传与游客期望和红色文化感知的效果等方面进行设计的。

　　由于问卷调查是针对游客体验的调查，必须在游客参加红色旅游之后、离开之前完成，因此给调查带来很大的时间压力。本次研究的问卷调查是在 2012 年 7 月 14～16 日完成的。一共发放和回收了 500 份问卷，去除无效问卷 20 份，共回收有效问卷 480 份，回收率为 96%。

三、数 据 分 析

（一）个体特征和消费特征分析

　　图 1 至图 6 反映了受访人群自身的个体特征，分别从六方面（性别、政治面貌、职业、文化程度、月收入和居住地）描述问卷人口特征的情况。受访人群男女比例相当，男受访人群比女受访人群稍多，其中男性占 58%，女性占 42%；70% 的受访人群属于党员或共青团员（48% 属党员），普通群众占 28%，还有少许民主党派成员；关于受访人群的职业情况，62% 的受访人群属于在职人士，22% 的受访人群是学生，其他还有家庭主妇和退休人员来延安红色景区旅游；受访人群的文化程度也呈一些特色，48% 的受访人群学历在本科以上（44% 的大学本科），20% 的大学专科，21% 的属"高中/中专/技校"学历，小学及以下的受访人群只占 3%；受访人群的月收入在 3000 元以上的占有 43% 的比例，29% 的受访人群月收入在 1001～3000 元，还有 23% 的受访人群

没有月收入，意味着这部分受访人群可能是家庭主妇、退休人员或没工作的学生；受访人群的居住地情况，64%的受访人群来自于城市，36%的受访人群来自县城或乡村，其中二、三线城市的受访人群占有最大比例，达42%，来自像北京、上海这样的一线城市达22%。

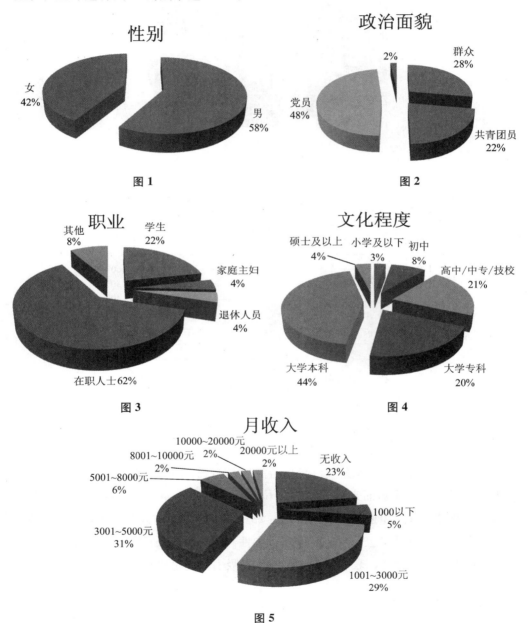

图 1

图 2

图 3

图 4

图 5

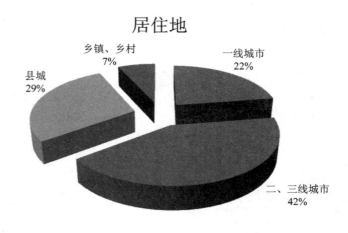

图 6

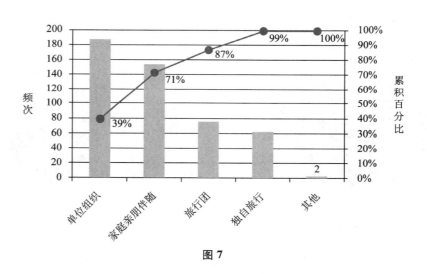

图 7

图 7 列出了受访人群来延安红色旅游的出行方式，71% 的受访人群是通过单位组织和家庭亲朋的伴随而来的，其中单位组织占 39%，家庭亲朋的伴随占 32%；受访人群通过旅行团和独自旅游的方式占 28%。可知，受访人群来延安红色旅游除了单位组织（某种意义上带有一定的非自主性）以外，61% 的受访人群是自发和亲朋好友或组团来旅游的，表明延安红色景区的吸引力还是比较高的。

（二）红色旅游宣传分析

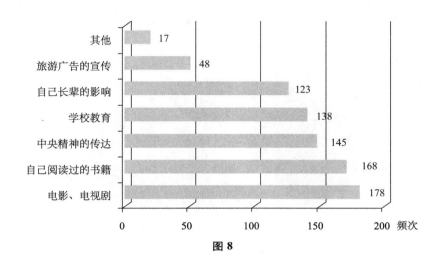

图 8

图 8 显示了促使受访人群来延安红色景区旅游的原因，可见受访人群参加红色旅游主要受电影、电视剧和所阅读书籍的影响；学校教育和中央精神传达的影响也起到很大的作用；自己长辈的影响次之；旅游广告的宣传作用则很小。说明影视、书籍、中央精神传达和学校教育对受访人群产生了很大的影响，成为促使受访人群参加红色旅游的重要原因。同时也反映，延安市红色旅游宣传的方式、方法、效果仍待提升。

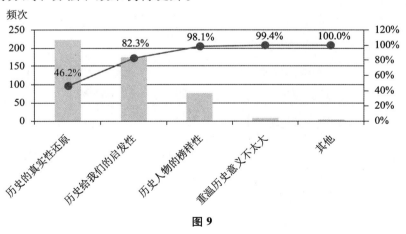

图 9

图 9 是对问题"对于重温历史，你最看重哪个方面"的反映，46.2% 的受访人群重视历史的真实性还原带给他们的感受；36.1% 的受访人群关注历史带给他们的启示；只有 1.3% 的受访人群认为重温历史的意义不太大；98.1% 的受访人群关注重温历史。

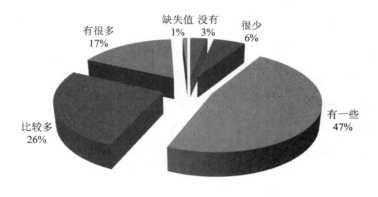

图 10

图 10 描绘了受访人群游览延安红色景区时接触延安红色文化宣传的情况，43% 的受访人群在游览时接触到了红色文化宣传，其中接触"比较多"文化宣传的受访人群占 26%，接触"有很多"文化宣传的受访人群占 17%；47% 的受访人群接触到了少许文化宣传；10% 的受访人群几乎没接触到文化宣传。

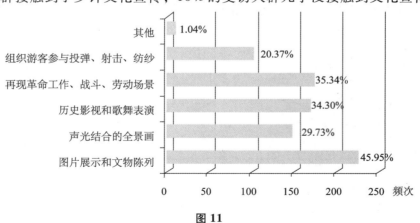

图 11

　　图 11 表述了受访人群对延安红色文化展示方式的期望，受访人群最期望的方式排在前三的是"图片展示和文物陈列""历史影视和歌舞表演"和"再现革命工作、战斗、劳动场景"。说明受访人群最期望的方式是通过图片展示和文物陈列的方式来了解延安红色文化，"声光结合的全景画""历史影视和歌舞表演"和"再现革命工作、战斗、劳动场景"这三种方式则是受访人群比较期望的。

（三）延安红色景区的旅游服务分析

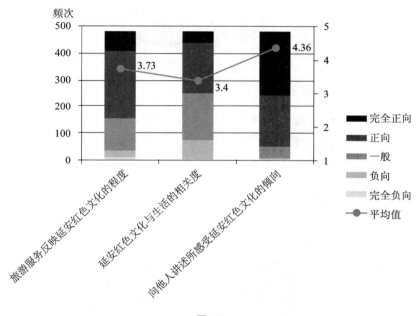

图 12

　　图 12 描述了受访人群对问卷中三个问题的答案。关于旅游服务反映延安红色文化的程度，90% 以上的受访人群认为旅游服务反映了延安红色文化，将近 50% 的受访人群认为旅游服务比较能反映延安红色文化；关于延安红色文化与生活的相关度，80% 以上的受访人群认为延安红色文化与生活相关；关于受访人群向他人讲述感受延安红色文化的倾向，90% 的受访人群乐意向他人讲述感受延安红色文化，其中"十分乐意"的受访人群占有比例将近 50%。

（四）延安精神、红色文化的吸引力和生命力分析

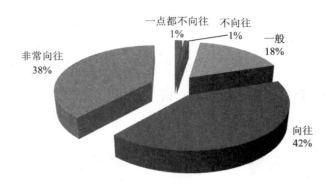

图 13

图 13 展示了抽样调查的 480 位受访人群对延安红色旅游的向往，"非常向往"和"向往"的受访人群占 80%，其中"非常向往"占 38%，"向往"占 42%；"一点都不向往"和"不向往"的受访人群仅占 2%。也就是说，80% 的受访人群是向往来延安红色景区旅游的。

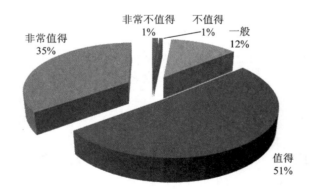

图 14

图 14 展示了问题"与其他景点相比，您认为是否值得到延安红色景区游玩、参观"的调查情况，86% 的受访人群认为延安景区值得参观，其中 35% 的受访人群认为"非常值得"，51% 的受访人群认为"值得"；1% 的受访人群认为"非常不值得"。

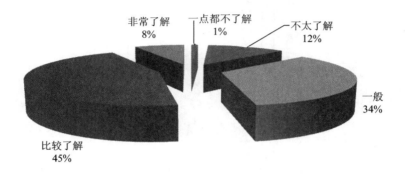

图 15

图 15 分析了受访人群对延安红色文化的了解情况，对红色文化非常了解和比较了解的受访人群占有 53% 的比例，总的来说，了解延安红色文化的受访人群所占比例为 87%；13% 的受访人群不太了解或一点都不了解延安红色文化。

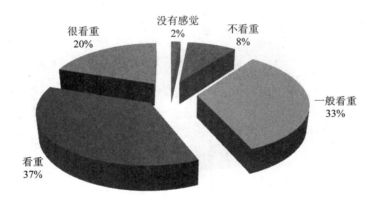

图 16

图 16 反映了人们对革命精神的态度，90%的受访人群是看重革命精神的，其中"很看重"占20%，"看重"占37%，"一般看重"占33%；8%的受访人群不看重革命精神；2%的受访人群对革命精神没有感觉。

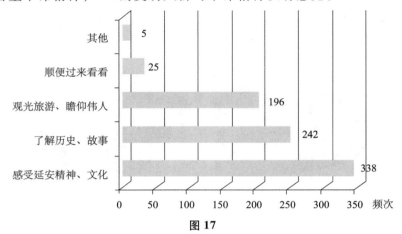

图 17

图 17 描述了受访人群来延安红色景区旅游的动机，结果显示：受访人群的主要动机是为了感受延安精神、文化；观光旅游、瞻仰伟人和了解历史成为次要动机；几乎很少人是抱着"顺便过来看看"的想法而来。

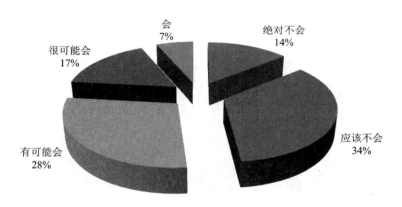

图 18

图 18 是对问题"您觉得红色革命思想会不会一直淡化直至消失"的描述,48%的受访人群觉得红色革命思想不会淡化或消失;45%的受访人群觉得红色革命思想可能会淡化或消失;7%的受访人群觉得红色革命思想会淡化或消失。

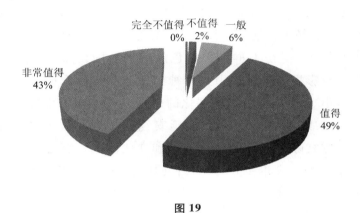

图 19

图 19 是对问题"政府投入大量资金进行革命教育是否值得"的反映,92%的受访人群认为政府投资于革命教育是值得的,其中"非常值得"占43%,"值得"占49%;2%的受访人群认为政府投资于革命教育是不值得的。

四、主要结论

第一,延安精神、红色文化具有较强的生命力和市场吸引力。80%的受访人群向往去延安,86%的受访人群认为延安景区值得参观,87%的受访人群了解延安红色文化,将近90%的受访人群认为红色文化与生活相关,90%的受访人群看重革命精神,98.1%的受访人群关注重温历史;受访人群去延安红色旅游的动机调查则显示,他们的主要动机是为了感受延安精神、文化;同时调查受访人群红色旅游的出行方式时发现,61%的受访人群是自发去延安红色旅游的,并不是由单位组织,而是由亲朋好友陪伴或独自旅游。

第二,革命思想存在消失的可能。一半以上的受访人群觉得红色革命思想可能会甚至会淡化或消失,应积极加强革命教育,受访人群对此表示极大的支持，92%的受访人群认为政府投入大量资金进行革命教育是值得的，将近50%的受访人群认为政府投入大量资金进行革命教育是非常值得的。

第三，延安的文化宣传仍有较大的提升空间。问卷调查显示仅有43%的受访人群接触到了文化宣传，47%的人群稍有接触，还有10%的受访人群几乎没接触到文化宣传。为此，相关部门应采取积极的措施：（1）继续发扬影视宣传、书籍宣传、中央精神传达和学校教育在红色文化宣传中的作用，极力加强旅游广告的宣传作用。受访人群参加红色旅游的原因调查中，发现游客参加红色旅游主要是受影视、书籍、中央精神传达和学校教育的影响，旅游广告的宣传作用则很小。（2）创新红色文化的展示方式，如历史影视、歌舞表演和再现革命工作、战斗、劳动场景。在延安红色文化展示方式的调查中，受访人群最期望的方式除了传统的图片展示和文物陈列，就是历史影视、歌舞表演和再现革命工作、战斗、劳动场景；同时将近50%的游客也表示在重温历史的过程中，他们最重视"历史的真实性还原"，可通过再现革命工作、战斗和劳动场景实现。

第四，延安的旅游服务彰显了延安的红色文化。受访人群在游览的过程中深刻地体会到了延安精神、延安文化。问卷调查显示，90%以上的受访人群认为旅游服务反映了延安红色文化，将近50%的受访人群认为旅游服务比较能反映延安红色文化；而且90%的受访人群在游览延安红色景区后乐意向他人讲述所感受的红色文化，其中"十分乐意"的受访人群占有比例将近50%。

附：国内游客对延安红色文化感知的调查问卷

您好！欢迎来延安旅游，我们正在进行关于国内游客对延安红色文化感知的问卷调查，您的填写结果将是调研的直接数据来源。问卷填写可能耽搁您几分钟的时间，谢谢合作！本问卷不记名，绝对保护您的个人隐私。（请用"√"勾出恰当选项的字母）

——中国旅游研究院课题组

1. 请问是什么促使您到延安红色景区旅游？（可多选）

   A. 电影、电视剧　　B. 中央精神的传达　　C. 自己长辈的影响

   D. 自己阅读过的书籍　　E. 学校教育　　F. 旅游广告的宣传

   G. 其他（请填写）＿＿＿＿＿＿

2. 请问您来延安红色景区旅游的目的是什么？（可多选）

   A. 感受延安精神、文化　　B. 了解历史、故事

   C. 观光旅游，瞻仰伟人　　D. 顺便过来看看

   E. 其他（请填写）＿＿＿＿＿＿

3. 您采用哪种旅行方式到延安红色旅游？

   A. 单位组织　　B. 家庭亲朋伴随　　C. 旅行团　　D. 独自旅行

4. 来之前您向往延安红色旅游景点吗？

   A. 非常向往　　B. 向往　　C. 一般　　D. 不向往

   E. 一点都不向往

5. 来之前了解延安红色文化吗？

   A. 非常了解　　B. 比较了解　　C. 一般　　D. 不太了解

   E. 一点都不了解

6. 与其他景点相比，您认为是否值得到延安红色景区游玩、参观？

   A. 非常值得　　B. 值得　　C. 一般　　D. 不值得

   E. 非常不值得

7. 您游览时有没有接触到延安红色文化的宣传？

   A. 有很多　　B. 比较多　　C. 有一些　　D. 很少　　E. 没有

8. 您希望通过哪种方式展示延安红色文化？

   A. 图片展示和文物陈列　　B. 声光结合的全景画

   C. 历史影视和歌舞表演　　D. 再现革命工作、战斗、劳动场景

   E. 组织游客参与投弹、射击、纺纱等参与性活动

   F. 其他（请填写）＿＿＿＿＿＿

9. 延安的相关旅游服务是否能彰显延安红色文化？

   A. 完全能　　B. 能　　C. 一般　　D. 很少

   E. 与延安精神格格不入

10. 您觉得延安红色文化是否与您的生活息息相关？

    A. 完全　　B. 有比较大关系　　C. 一般　　D. 关系不大　　E. 完全没有关系

11. 您回去后是否会向他人讲述自己所感受到的延安红色文化?

    A. 十分乐意   B 比较乐意   C. 无所谓   D. 比较不乐意

    E. 特别不乐意

12. 对于重温历史,你最看重哪个方面?

    A. 历史的真实性还原   B. 历史给我们的启发性

    C. 历史人物的榜样性   D. 重温历史意义不太大

13. 你觉得现在人们对革命精神态度怎么样?

    A. 很看重   B. 看重   C. 一般看重   D. 不看重   E. 没有感觉

14. 您觉得红色革命思想会不会一直淡化直至消失?

    A. 会   B. 很可能会   C. 有可能会   D. 应该不会   E. 绝对不会

15. 政府投入大量资金进行革命教育是否值得?

    A. 非常值得   B. 值得   C. 一般   D. 不值得   E. 完全不值得

16. 您的性别?

    A. 男   B. 女

17. 您的政治面貌是什么?

    A. 群众   B. 共青团员   C. 党员   D. 民主党派

18. 您的职业?

    A. 学生   B. 家庭主妇   C. 退休人员   D. 在职人士   E. 其他

19. 您的文化程度?

    A. 小学及以下   B. 初中   C. 高中/中专/技校

    D. 大学专科   E. 大学本科   F. 硕士及以上

20. 您的月收入?

    A. 无收入   B. 1000 元以下   C. 1001~3000 元   D. 3001~5000 元

    E. 5001~8000 元   F. 8001~10000 元   G. 10001~20000 元

    H. 20000 元以上

21. 您的居住地是?

    A. 一线城市   B. 二、三线城市   C. 县城   D. 乡镇、乡村

附录三

2013 年第 1 季度全国游客满意度调查报告延安篇

一、游客满意度总体情况

如图 1，2 所示，2013 年第 1 季度延安市的游客满意度指数为 76.54（本季度全国平均水平为 77.62，游客满意度最高的城市水平为 85.47），在 60 个样本城市排名第 26，比上季度低 1.75（与 2012 年第 4 季度相比，所有样本城市的游客满意度都有所降低）。从三项构成指数看，2013 年第 1 季度现场问卷调查的满意度为 65.25，游客网络评论满意度为 91.32，旅游投诉与质监的满意度为 72.31，分别排名第 51、2、11 位。

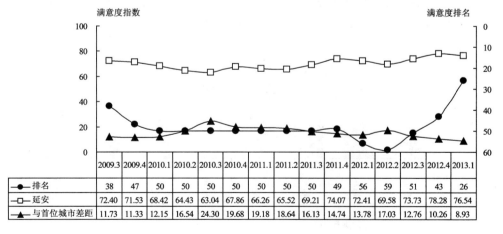

	2009.3	2009.4	2010.1	2010.2	2010.3	2010.4	2011.1	2011.2	2011.3	2011.4	2012.1	2012.2	2012.3	2012.4	2013.1
● 排名	38	47	50	50	50	50	50	50	50	49	56	59	51	43	26
□ 延安	72.40	71.53	68.42	64.43	63.04	67.86	66.26	65.52	69.21	74.07	72.41	69.58	73.73	78.28	76.54
▲ 与首位城市差距	11.73	11.33	12.15	16.54	24.30	19.68	19.18	18.64	16.13	14.74	13.78	17.03	12.76	10.26	8.93

图 1

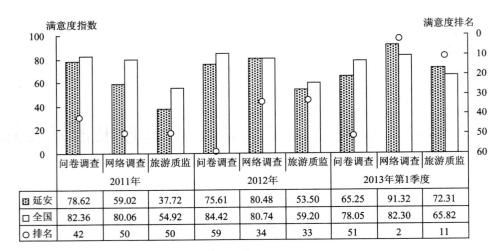

	问卷调查	网络调查	旅游质监	问卷调查	网络调查	旅游质监	问卷调查	网络调查	旅游质监
		2011年			2012年			2013年第1季度	
延安	78.62	59.02	37.72	75.61	80.48	53.50	65.25	91.32	72.31
全国	82.36	80.06	54.92	84.42	80.74	59.20	78.05	82.30	65.82
排名	42	50	50	59	34	33	51	2	11

图 2

二、现场问卷调查情况

2013 年第 1 季度现场问卷调查的延安游客总体满意程度为 74.34，比全国平均水平低 1.31，较 2012 年度高 4.16。对旅游总体服务质量的满意程度为 72.58，比全国平均水平低 3.36，较 2012 年度高 4.13（图 3）。城市形象、城市建设、城市管理、公共服务、行业窗口服务的具体得分如表 1。

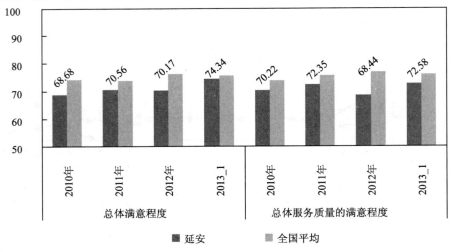

图 3

表 1

城市形象				
城市	现代化程度	美丽程度	知名度	开放度	信息化程度（智慧城市）
延安	72.26	71.68	71.59	70.21	69.35
全国平均	74.96	75.27	76.04	74.94	75.34

城市建设							
城市	城市规划	卫生设施	无障碍设施	旧城和历史建筑保护	空气质量	自然生态	园林绿化	便利感
延安	72.03	69.94	72.76	71.36	68.28	71.64	70.37	67.25
全国平均	74.40	74.83	73.10	74.06	70.50	74.29	74.37	73.51

城市管理							
城市	安全感	应急救援系统	市容市貌	施工管理	市民形象和行为	文化氛围	民俗特色
延安	70.11	70.27	67.70	69.00	69.61	69.87	67.25
全国平均	74.44	73.77	74.50	73.90	74.43	74.74	73.94

公共服务							
城市	供水和水质	供电	手机信号覆盖	互联网覆盖	农业现代化	工业旅游	银行刷卡便利性	
延安	69.39	69.82	69.54	68.05	66.86	70.48	71.54	
全国平均	74.10	75.80	74.17	75.01	72.61	73.31	77.34	
城市	城市公交	出租车	长途客运	自驾车	步行道和自行车道	机场	火车站	交通标识
延安	69.24	71.03	70.08	71.05	71.21	68.55	70.51	66.04
全国平均	74.34	74.87	74.54	75.03	74.93	75.27	75.13	74.38

行业窗口服务									
城市	餐饮	住宿	购物	文化娱乐	景区景点	旅行社	导游	质量	旅游公共服务	标准化程度
延安	72.93	73.31	71.48	70.38	69.96	71.80	71.50	71.67	71.49	70.17
全国平均	72.97	74.71	76.35	75.51	75.51	75.70	75.60	76.01	75.91	75.35

三、评论调查情况

如图 4 所示，延安市评论调查的游客满意度指数为 91.32，较全国平均水平高 9.02。其中，游客通过网络对城市综合评价和回头率/推荐度的评价分别为 93.75 和 88.68。从分项指标看，网络预订、购物、景点、住宿、餐饮、性价比、交通的满意程度较高，如：部分游客认为延安不愧为革命的圣地，景点有红色旅游的特色，值得一游，购物方便，住宿条件好，餐饮不错，消费不高；目的地旅游形象、休闲娱乐的满意度一般。

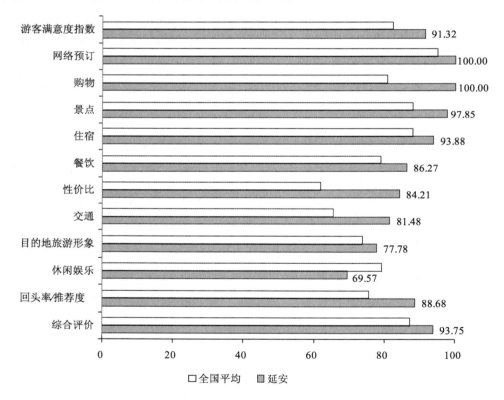

图 4

四、旅游质监与游客投诉调查情况

2013年第1季度延安旅游质监与游客投诉的满意度指数为72.31，低于全国平均水平，投诉程序便捷程度、投诉制度完善程度、投诉结果公示程度、投诉数量分别为85、35、8.33、0.74。从各具体指标看，搜索便捷程度、实际体验效果、质监所网站建设、制度与新闻的数量、公示频度、公示详细程度、旅游投诉的处理效果均较好，政务网便捷程度、非官方投诉数量有待完善。

表2

二级指标	2013年第1季度		全国平均	三级指标	2013年1季度		全国平均
	得分	排名			得分	排名	
投诉程序便捷程度	96.67	32	94.17	搜索便捷程度	100	30	97.25
				政务网便捷程度	90	56	97.17
				实际体验效果	100	23	88.08
投诉制度完善程度	95.00	8	65.33	质监所网站建设	100	17	71.67
				制度与新闻的数量	90	8	59.00
投诉结果公示程度	94.81	7	68.22	公示频度	100	9	56.33
				公示详细程度	100	26	74.67
				旅游投诉的处理效果	84.44	26	73.22
投诉数量	2.46	58	15.13	非官方投诉数量	2.46	58	15.13

附录四

游客的现实诉求是红色旅游发展动力，也是我们的工作目标

——在 2013 延安红色旅游大讲堂上的致辞

尊敬的延安市人民政府梁宏贤市长，

延安各界的同志们、朋友们：

在这样一个时刻来到延安[①]，我首先向延安的各位领导和同志们致敬。延安用 13 年的时间，为中国共产党培育了延安精神，为之付出了巨大的努力。客观地讲，20 世纪三四十年代，延安本身也不富裕，可是老百姓对共产党、对红军的质朴热爱，接纳了中央红军和来自全国各地的进步青年。直到今天，延安精神也是中国共产党和中国人民的宝贵精神财富。

在区域旅游发展的进程中，延安人民以延安精神为指导，积极探索新时期红色旅游发展的道路、模式与经验。刚才梁宏贤市长系统阐述了游客满意度提升与红色旅游以及延安发展的关系，并给予我和研究院高度的肯定。对此表示感谢的同时，也想说，其实不是我们用游客满意度调查这项工作为延安做了什么事，而是延安用自己的努力，告诉我们这样一个真理：半个多世纪以前，在那样艰苦的条件下，延安支持中国共产党人和全国人民获得了抗日战争的胜利、夺取全国政权，创造了举世瞩目的奇迹。今天，在经济社会仍然处于欠发达水平的西北地区，延安再次创造了游客满意度稳步提升、红色旅游持续发展的伟大成就。

客观地讲，无论硬件环境还是经济社会发展水平，延安与纳入游客满意度

---

① 时值延安遭遇百年不遇的暴雨。

监测的其他 59 个城市比，特别是和北京、上海、无锡、广州、深圳这些城市比，条件是比较差的。延安市曾经连续七个季度游客满意度落后，市委、市政府没有回避这个问题，而是团结和带领旅游战线干部职工和社会各界人民，真抓实干，一点一滴地改善旅游发展环境、优化旅游市场秩序。2009 年秋天，我曾经在这里学习了一个星期。当时的印象是汽车一走后面就要扬起灰尘，周末想看个电影、找个休闲的地方都找不到，临走想买些狗头枣也不敢买——怕买到假货，怕价钱不公道。现在变化太大喽：文化休闲场所建起来了，《延安保卫战》《延安保育院》等多个文艺演出极大丰富了游客的目的地体验；在壶口瀑布等景区，游客在固定的摊点上放心购物；下这么大的雨，街道还是干干净净的。这个成就的取得了不起啊！有领导的高度重视，也有延安各界的努力。我听说延安的旅游大培训，细化到每一个酒店、每一位导游，将"一切为了游客满意"的行业精神贯穿到旅游管理工作的每一个环节。付出总有回报。梁宏贤市长告诉我，2012 年全市旅游收入 110 多亿元。这个数字和近年来的产业增长速度，无论是与延安旅游发展的历史做纵向比较，还是与同类型城市做横向比较，都是很不错的成就。

在与延安市委、市政府领导同志交换意见的时候，我经常为同志们的忧患意识所感动：20 年、30 年之后我们的资源逐渐枯竭怎么办？50 万城市居民挤在这个地方，如果游客来得更多，子孙繁衍更多，常住人口更多以后怎么办？延安不仅以游客满意为导向，从细节抓起，同时还把区域旅游与延安经济社会发展战略紧密地结合起来。可以说，以游客满意为导向、持续优化旅游发展环境，并将旅游与区域经济社会发展相结合，延安的旅游发展思想和一系列具体做法，不仅有力地推动了本地红色旅游的发展，也为韶山、井冈山等老区发展红色旅游，为经济欠发达区域发展旅游贡献了宝贵的经验。

在大众旅游发展的新阶段，我和我的同事来到延安，与延安的同志们一起思考旅游发展如何面对新的形势。经过 30 多年高速发展，今天发展旅游的宏观环境发生了一系列的变化。2013 年 4 月 22 日，国家主席习近平在莫斯科的中国旅游年开幕演讲时指出，旅游已经成为人民生活水平提高的重要指标。旅游是修身养性之道，中国人自古以来，就崇尚读万卷书，行万里路。我国旅游业不仅要建成"国民经济的战略性支柱产业"，同时还要建成"人民群众更加满意的现代服务业"。近年来我国红色旅游发展受到了党中央的高度重视，《2011—2015 年全国红色旅游发展规划纲要》提出，要创新红色旅游的发展方式，增强时代感和现实感。

面对新的环境、新的要求，延安在以下几个方面做出了卓有成效的创新：5 台旅游专业演出节目，丰富了市民和游客的文化生活；黄河乾坤湾、梁家河旅游文化区等项目规划成为延安旅游发展的战略支撑点；古城保护、新城建设的十大工程为旅游业转型升级奠定了环境基础……一系列的举措表明，延安正在积极探索红色旅游和区域旅游的可持续发展道路。这条道路的本质就是《国民旅游休闲纲要》提出的时代感和现实感，就是提高人民群众的满意水平，归根到底就是说要解决旅游发展为什么的问题。中国旅游研究院愿意和延安的同志们一起努力，不断探索在新的历史时期内红色旅游发展的目标、路径，不断总结发展经验，稳步提升旅游发展水平。

按照中央的要求，红色旅游首先是一个政治工程。红色旅游的发展在新的历史时期内，应当承担而且也有责任发挥弘扬社会主义核心价值观的积极作用。今天的中国正处于价值观多元化的时代，旅游消费的主流人群则以年轻人为主体。2012 年，全国旅游的散客率已达 96.2%，其中 80% 都是 45 岁以下的年轻人。他们对过去怎么看，对未来怎么想，都要求我们思考如何在游览的过程中，把主流价值观传递给年轻人。他们不仅是旅游的未来，也是国家和社会的未来。怎么让这种主流价值观，更好地为广大游客，特别是青年人接受，我希望和延安的同志们一道探索。

我是 20 世纪 60 年代末期出生的。我们这一代人，是传统价值观培养起来的，党让干什么就干什么，组织让干什么就干什么。新的一代年轻人起来之后，他们除了要认同这个东西外，还有一个接受方式的问题，我们要做更多的探索。我们要研究如何把《延安颂》《蓝花花》等这样一些节目以群众喜闻乐见的方式让他们接受。特别要研究如何适应青少年的思想与教育现状，丰富和完善红色旅游的产品内涵，并且让他们更容易接受。说实话，这并不是件容易的事情。对此，研究院的同志们为延安做了些规划项目和前期的研究，但是还不够，还需要我们一起深入研究和实践。

游客是旅游市场的消费主体，企业是旅游产业的主体，而目的地的城乡居民则是这块土地的主人。发展旅游千万不要忘记广大的老百姓，要与他们在一起，让他们更多地参与到旅游活动中来，并能够真正地从中受益。如果我们的旅游发展了，财政富裕了，GDP 上去了，企业也强了，可是那些为旅游发展出力的农户、学生、年轻人没有得到好处，这种发展也是不可以持续的。延安在这些方面已经做得很好，我愿意和同志们一道把这个事业推向更高、更广的层次，为延安和全国的红色旅游发展贡献更多的学术资源。

教授、博士生导师

中国旅游研究院　院长

2013 年 7 月 15 日

附录五

延安市人民政府梁宏贤市长在延安红色旅游大讲堂上的致辞

尊敬的戴院长、张院长，各位专家，同志们、朋友们：

今天，全国红办、中国旅游研究院在这里举行《新时期红色旅游发展的延安道路》成果发布会暨红色旅游大讲堂，充分体现了对延安红色旅游事业发展和延安老区的厚爱和支持。我谨代表中共延安市委、延安市人民政府对各位领导和专家的到来表示热烈欢迎！对国家旅游局、全国红办、中国旅游研究院给予延安的关心和支持表示衷心感谢！

延安是中国革命圣地，是全国爱国主义、革命传统、延安精神三大教育基地，党中央和毛主席等众多老一辈无产阶级革命家在延安生活战斗了 13 个春秋，领导全国人民夺取了抗日战争的伟大胜利，培育了光照千秋的延安精神，为我们留下了弥足珍贵的精神财富。延安境内有革命旧址 445 处，市区内就有 168 处，数量之多、密度之高、规模之大、影响力之强，在全国红色旅游景区中首屈一指。延安是中华民族重要发祥地之一，人文初祖轩辕黄帝的陵寝仰卧于黄陵县桥山之巅，每年都有来自各地的海内外华夏儿女代表来这里寻根祭祖。延安所在的黄土高原是世界上黄土分布面积最大、最集中、地貌最典型的地理单元，黄土风情文化独具魅力，黄河壶口瀑布、乾坤湾、洛川黄土地质公园等驰名中外，安塞腰鼓、陕北民歌、剪纸、农民画等民间艺术久负盛名。

近年来，在党中央、国务院和陕西省委、省政府关心支持下，我们把保护革命旧址、发挥三大教育基地作用作为重要的政治责任，完成了爱国主义示范基地"一号工程"建设任务，新建了延安革命纪念馆、抗大纪念馆等 9 个纪念馆，维修改造了枣园、杨家岭等 20 多处革命旧址，加快黄帝陵、壶口瀑布、乾坤湾等重点景区开发建设，全市对外开放的重点旅游景区达到 35 处。与专业策划团队和大企业合作推出了《延安保卫战》《延安颂》《延安保育院》《信天游》等一批精品演出剧目，并实现了常态化的演出。2012 年来延游客达2000 多万人次，旅游综合收入突破百亿元，旅游业成为推动延安经济社会发展的重要力量。

当前和今后一个时期，是延安统筹城乡、转型发展的重要时期。我们将抓住国家继续深入推进西部大开发、出台陕甘宁革命老区振兴规划和省委、省政府支持延安率先实现城乡统筹发展的重大机遇，大力实施"统筹城乡、富民强市，引水兴工、产业转型，中疏外扩、上山建城，文化引领、旅游带动"四大战略，以打造全国红色旅游目的地、全球炎黄子孙朝圣地、黄河自然遗产观光地、黄土风情文化传播地为目标，深入挖掘革命历史文化资源内涵，全面实施延安革命旧址群维修保护工程，加快建设黄帝文化园、黄河文化园、黄土风情文化园、凤凰山文化产业园、圣地河谷文化产业园等文化旅游园区，进一步完善酒店、餐饮等旅游配套服务设施，不断提升旅游城市形象和游客满意度。

开展优秀旅游城市游客满意度测评，对提升旅游城市形象、营造旅游环境氛围、促进旅游市场营销具有重要作用。开展游客满意度排名以来，延安连续7 个季度排名靠后。对此，市委、市政府高度重视，深入分析落后的原因，组织人员认真学习借鉴其他旅游城市经验，制定了旅游环境综合整治方案，并邀请相关专家进行了评审。中国旅游研究院戴院长多次到延安，带着专家团队把脉会诊，提出了很好的意见和建议。在 2013 年第二季度游客满意度排名中，延安排名第 20 位，我们感到非常自豪，这也是中国旅游研究院支持和指导的结果，是各位专家倾注心血的结果。游客满意度的提升也坚定了我们发展旅游业的信心，我们已经把发展以红色旅游为龙头的现代服务业摆上重要议事日程，作为产业结构调整的一项重要任务加快推进。我相信再过五年时间，延安旅游业会在现在的基础上有一个非常大的提升，建设全国红色旅游目的地、首选城市的目标也会很快实现。

建设优秀旅游城市就是建设宜居城市。一个优秀旅游城市，外来游客感到舒适方便，离开之后津津乐道、口口相传，这样本地居民就会生活得更舒适、更方便。我们坚持把创建优秀旅游城市、提升游客满意度与经济发展、城市建设、创建文明城市紧密结合起来，从硬件和软件两个方面综合提升。按照"中国革命圣地、历史文化名城、优秀旅游城市"的城市定位，大力推进"中疏外扩、上山建城"战略，启动了新区建设，一个崭新的 40 多平方公里的新城正在形成，新的行政中心已经开工建设，对于疏解老城、保护旧址、恢复景区、给游客的出住行腾出空间创造了条件；启动了老城改造项目，大规模拆迁改造全面展开，更好地展示古城风貌，营造圣地氛围，保护革命旧址，努力建设全国人民心目中想象的延安、神圣的延安、现代的延安。在不断提升游客满意度的同时，也为延安居民创造了一个更舒适的环境和更宜居的城市。

游客满意度排名是一个动态过程，延安自然环境较差，交通条件落后，旅游市场不够成熟，抵御自然灾害的能力不强，保障红色旅游城市发展水平还比较低。我们将认真研究、下功夫解决这些问题，进一步改善城市环境，促进旅游业发展壮大，沿着建设红色旅游目的地和首选城市方向不断努力。延安旅游的发展，需要全市上下的共同努力，更离不开国家旅游局，特别是中国旅游研究院的关心和支持。全国优秀旅游城市游客满意度测评工作开展以来，中国旅游研究院对我市旅游项目规划、红色文化旅游季设计、旅游环境综合整治等工作给予了悉心指导。为了进一步挖掘延安红色旅游资源的优势和潜力，探索更加切合实际的红色旅游发展之路，全国红办、中国旅游研究院在延安策划举办这次论坛，使我们有幸迎来了国内权威的旅游专家、学者以及知名旅行商、媒体代表，对延安旅游进行高层次把脉会诊，对于进一步挖掘延安红色旅游资源潜力和优势，做大做强红色旅游产业，必将起到重要促进作用。希望各位专家积极建言献策，提出宝贵意见和建议，帮助我们把旅游产业发展得更好，把延安建设得更加符合优秀旅游城市标准，使旅游业在产业结构调整、经济社会发展过程中发挥更大更好的作用。同时也希望中国旅游研究院和我们一道，深入研究加快延安旅游产业发展这一重大课题，帮助我们把旅游产业发展提高到一个新的水平。

后 记

　　红色旅游十年发展取得了显著成就，实现了社会效益和经济效益双丰收，各地也积累了许多宝贵经验，形成了一定发展模式。韶山、井冈山、西柏坡、临沂、遵义、延安的红色旅游发展各具特色，值得借鉴。

　　《红色旅游发展的延安道路》在编辑过程中，得到了有关领导、学者的关心支持，提出了宝贵的指导意见。罗迪辉同志多次就本书的框架结构、编写思路、修改方向提出了许多具体意见；王树茂同志负责本书编辑统筹，多次组织论证、修改。白四座、武宁、江波、林思雨、张勇、梁宏贤、郝宝仓、马彦平、雷亚明、王发博、王莉、周志斌、叶琴、华云、占雪莲等同志为本书资料收集、内容编排、文字校对等做了大量工作。延安市委、市政府高度重视，给予了大力支持。在此一并致谢。